Das Tal der Glücklichen

Leopold Engel

W0414926

Saint Germain Verlag

Im Silbertal 4a
56203 Höhr-Grenzhausen bei Koblenz am Rhein
service@saint-germain-verlag.de
Telefon 02624 2052

2. Auflage 2017
ISBN 978-3-925612-53-4

Satz: Die Hinterhofagentur

Einleitung

Von jeher hat der nur zum kleineren Teile bekannte Erdteil Afrika die Wissbegierde der Forscher angestachelt. In seinem Innern, das er hartnäckig durch allerhand äußere Hindernisse einer fragwürdigen Zivilisation verschließt, gab es viele noch unbekannte Wunder, deren erste Mitteilungen wie Märchen klangen, bis deren Bestand durch wiederholte Berichte bestätigt wurden. So ist zum Beispiel die Existenz der *Zwergvölker* lange bezweifelt worden und hat sich schließlich doch bewahrheitet.

Forscher, getrieben von Ruhmsucht, Ehrgeiz und Habgier nach leicht erringbaren Naturschätzen, werden von Gesellschaften ausgerüstet, unter den hochtrabenden Phrasen Kultur zu verbreiten, die christliche Religion, die erlösungsbedürftigen Heiden zu lehren; sie werden Pioniere der Wissenschaft, des Menschentums genannt, und dringen oft mit großer Kühnheit, die das Goldfieber und die Herrschsucht zum Elternpaare hat, in fremde unbekannte Gegenden ein.

Soviel auch dem dunkeln Erdteil bereits abgerungen wurde, noch verschließt er starr und finster sein Inneres den kecken Eindringlingen. Im Inneren gebieten gewaltige unübersteigbare Gebirgsmassen ein unerbittliches Halt, noch keines Europäers Fuß hat die gewaltigen, schneeigen Gebirgsketten des Inneren überschritten, die der Eingeborene scheu meidet, weil starke Geister dort hausen sollen, die ein Eindringen unmöglich machen und mit sicherem Tode den bedrohen, der ihren Frieden stört.

Auch nach Europa sind Sagen mancher Art von diesen Gebirgen gelangt und haben manchen Forscher gereizt, diese Gegenden des schwarzen Erdteils zu besuchen. Nie jedoch findet sich ein Eingeborener bereit, sich als Führer herzugeben, sobald es heißt, jene beschneiten, wolkenumgebenen, geheimnisvollen Höhen seien das Ziel, ja sie würden sich mit aller Gewalt einem solchen Unterfangen widersetzen, aus Furcht vor der Rache der schützenden, mächtigen Geister.

Es scheint fast, als wenn gerade nach dem Herzen Afrikas sich die Märchenwelt vor der neugierigen Zivilisation geflüchtet habe und sich dort verschanzt vor der nüchternen, grämlichen, poesie losen Alltäglichkeit, welche ihre bunten, schillernden Schmetter linge mit schmutzigen Händen fangen und sie dann ihres herrli chen Flügelstaubes berauben möchte, der sie zum neckischen Spiele im Goldenen Sonnenstrahle befähigt.

Ich besaß einen *Freund* von vortrefflichen Charaktereigenschaften, er war reich, unabhängig, sehr wohltätig, er galt im Allgemeinen als *Sonderling*. Das öffentliche und gesellschaftliche Leben hatte wenig Reiz für ihn, er vermied es, mit den Menschen viel in Berührung zu kommen, und stattete zum Beispiel Besuche nur soweit ab, als es die unbedingte Höflichkeit erforderte.

Sein größtes Vergnügen waren *Reisen*, denen er sich denn auch ausgiebig hingab, so dass er stets Dreiviertel des Jahres in fremden Ländern zubrachte. Er war einer jener seltenen Kenner, die mit Genuss zu reisen verstehen, die sehr planvoll und orientiert ihre Fahrt beginnen, nicht ins Blaue, nur um sagen zu können, ich war dort, in die Welt hineinsteuern, sondern erst theoretisch zu Hause die beabsichtigte Fahrt studieren, um sodann praktisch durch nichts außer Fassung gebracht werden zu können. Das *Reisen* hatte für ihn den Zweck, seine Kenntnisse zu erweitern, und da er gewöhnt war, mit den *Augen* des *Geistes* alle Dinge zu betrachten, so sammelte er nicht nur einen reichen Erfahrungsschatz, sondern durchkostete innere Genüsse, von denen die meisten Reisenden keine Ahnung haben.

Er hatte es in dieser Art fast fünfzehn Jahre getrieben, als er mich eines Tages mit der Nachricht überraschte, er rüste sich, in das Innere Afrikas einzudringen. Wirklich reiste er auch dahin ab und kehrte nach Verlauf eines Jahres sonnenverbrannt, aber wohl behalten zurück.

Es war eine große Veränderung mit ihm vorgegangen, der sonst menschenscheue, schweigsame Mann suchte jetzt mehr Gesellschaft als früher auf und suchte einen Kreis von Männern um sich zu versammeln, welche zu den Koryphäen der Wissenschaften zählten. Er gab Gesellschaftsabende, an denen mit besonderer Vorliebe die religiösen und sozialen Fragen von ihm vorgebracht wurden, und suchte die Meinung seiner Gäste darüber zu erforschen. Es gab da manche sehr interessante Disputation, denn, wie schon gesagt, jene Gäste bestanden aus den angesehensten, geistreichsten Männern, die die Wissenschaft in sich verkörperten und deren Urteil als das leitende, maßgebende der Zeit angesehen werden konnte.

Bei meinem Freunde entdeckte ich eine früher nicht vorhanden gewesene Neigung zum Opponieren und eine zwar sehr geistreiche, aber dennoch etwas mystische Weltanschauung, die das Kopfschütteln seiner Umgebung oft hervorrief. Es lag ein Zug von Schwärmerei in seiner Rede, die auffallend wurde und bei einigen seiner nächsten Freunde Besorgnis hervorrief. Sein früherer, wohltätiger Sinn artete in Verschwendung aus, man hörte, wie er arme Leute in einer Weise unterstützte, die seinen eigenen Ruin herbeiführen musste, so dass seine Verwandten den Gedanken fassten, ihn unter Kuratel stellen zu lassen. Ein derartiger Versuch schlug aber fehl, da er nur Verwandte entfernten Grades besaß, die dadurch, dass er sein Vermögen verschwendete, in keiner Weise geschmälert werden konnten. Der einzig Geschädigte war nur er allein, nächste Blutsverwandte besaß er nicht mehr. Diese selben Verwandten, zu deren Treiben er stets gutmütig lachte, wurden eines Tages durch eine Einladung überrascht, die zu einem großen Gesellschaftsabend in sein Haus aufforderte. Begierig folgten sie derselben.

✱

In den großen Räumen seines eigenen Hauses fand sich eine zahlreiche Gesellschaft ein, bestehend aus jenen Männern der Wissenschaft, die schon öfter seine Gastfreiheit genossen hatten und stets gern seinen Einladungen folgten. Die feindlichen, geld besorgten Verwandten wurden von meinem Freunde mit einer Liebenswürdigkeit empfangen, die irgendwelche peinliche Situation gar nicht aufkommen ließ: er tat, als wäre nie etwas vorgefallen. Ein glänzendes Mahl stand bereit, und sehr bald war eine lebhafte, geistreiche Unterhaltung im Gange, deren Mittelpunkt, wie gewöhnlich, mein Freund bildete.

Es wurde von den Erfolgen der Wissenschaft gesprochen, und ein *Professor* der Physik sang eine begeisterte Lobhymne auf die Errungenschaften des Menschengeistes.

„Der Mensch“, so sagte er, „ist in Wahrheit der Herrscher der Natur. Alle Kräfte sind uns untertan, wir haben die Entfernung und die Zeit durch Dampf und Elektrizität überwunden, wir fliegen über den Erdboden mit Windeseile, schreiben und sprechen von einer Stadt zur anderen trotz weitester Entfernung, und nicht lange wird es mehr dauern, so tun wir es den Vögeln gleich und schwingen uns in die Lüfte, den reinen Äther zu atmen; die Flugmaschine ist kein Wahn mehr, sie nähert sich mit Sicherheit der Verwirklichung. Drum lebe der Menschengeist, er hat es herrlich weit gebracht, er hat die Natur überwunden und ist ihrer Herr geworden.“

Von allen Seiten erhob sich freudige Zustimmung zu diesen Worten des Redners, und fröhliches Gläserklirren bekräftigte die Wahrheit dieses Ausspruches.

Mit seiner ruhigen, klaren Stimme sprach mein Freund nun Folgendes:

„Sie haben ganz recht, Herr Professor, den Scharfsinn des Menschen so zu preisen, der viel Wunderbares hervorgebracht hat; ich habe Beweise davon, wie nützlich diese Erfindungen sind.

Vor einigen Tagen zum Beispiel besuchte ich eine arme, kranke Witwe. Ich fand sie in größter Aufregung und Angst. Von ihrem einzigen Sohne, den sie nur mit Widerstreben hatte zur See gehen lassen, waren bereits längere Zeit keinerlei Nachrichten mehr eingegangen und jetzt las sie unter den Schiffsnachrichten, dass das Schiff, auf welchem sie ihren Sohn wusste, an der Küste von Brasilien gescheitert sei; ein Teil der Mannschaft wäre jedoch gerettet worden und befände sich in Rio, dem Reiseziel des gescheiterten Schiffes. Lebt nun ihr Sohn? Befindet er sich unter den Geretteten? Diese qualvollen Fragen bestürmten das zagende Mutterherz.

Ich eilte zum Telegrafenbüro, gab eine Depesche an das deutsche Konsulat in Rio auf und konnte nach wenigen Stunden schon die Qual der Zagenden verscheuchen, denn ihr Sohn lebte und hatte sich auf dem Konsulat gemeldet. Dieses Wunder bewirkte der *Telegraf*, es kostete nur zirka 50 Mark, das bisschen Hin- und Hertelegrafieren. Die Witwe konnte selbstredend eine solche Summe nicht erschwingen, lebt sie doch von einer solchen mehr als einen Monat. Aber schön ist diese Erfindung doch, welche die Entfernung überwinden macht, wenn sie auch nur für die geringere Menge der Zahlungsfähigten besteht. Ebenso bequem ist das städtische *Telefon*. Die ganze Einrichtung kostet jährlich 90 Mark, eine Bagatelle für den, der‘s hat; wer es nicht hat, nun der kann persönlich hin- und herrennen; er mag lernen, mehr Geld zu verdienen, damit ihm die Segnungen der Wissenschaft zugängig werden.

Sie sehen mich erstaunt an und meinen, was ich eigentlich mit meinen Worten beabsichtige?

Nun, ich als Mensch frage mich oft:

Was nützt das höchste Raffinement des Menschengeistes, mit dem er der Natur die Geheimnisse ablauscht, wenn deren Nutznießung nur stets dem Geldmenschen zu Gebote steht? Ist die Errungenschaft der Wissenschaft nicht Gemeingut? Hat nicht jeder sein Recht auf das, was wir Kultur nennen? Wie kommt die

Menschheit dazu, sich zu spalten in solche, welche nur genießen und solche, welche für die Genießenden arbeiten, für letzteres Tun aber obendrein nur von jedem Genuss ausgeschlossen werden?"

„Aber das ist doch sehr einfach", fiel der *Justizrat*, der bedeutendste Jurist der Stadt, ihm ins Wort, „die gesellschaftliche Ordnung bedingt nun einmal hoch und niedrig, reich und arm. Solange das, was wir ‚die Gesellschaft' nennen, besteht, ist es so gewesen und wird es so sein. Der Bestand der Gesellschaft regelt sich nach ihren Gesetzen, zum Schutze ererbter und erworbener Rechte. Wer da genießt, hat entweder selbst oder durch seine Vorfahren einst eine Arbeit geleistet, die ihm das von Ihnen angefochtene Recht verschafft hat. Ererbtes Recht ist aber ebenso unantastbar wie selbst erworbenes; auf dieser Institution beruht unsere moderne Gesellschaft, sie ist uns Gesetz geworden, das der Richter wohl zu beachten hat. An diesem Gesetze dürfen wir nicht rütteln, weil –„

„Weil sonst das selbstherrliche Recht der Ererbung und ausbeutenden Erwerbung zugrunde geht, nicht so, Herr Justizrat?" fiel mein Freund, den wir Kristjan nennen wollen, ein und fuhr also fort: „Nun, ich meine, wenn an Stelle der Gesellschaft, das ist also ein Haufen die Macht innehabender Persönlichkeiten, das *Menschentum* gesetzt würde, so brauchten wir weder Gesetz noch Rechtsprechung, denn beides ist im *Menschen* schon vorhanden und braucht nicht erst durch die kniffliche Kunst beider Rechte gelehrt zu werden.

Der Mensch fühlt in sich sehr wohl, was recht und was unrecht ist; denn die göttliche Wahrheit im Menschenherzen lässt sich nicht totschlagen, sie erhebt stets wieder ihr Haupt zum Grausen der sogenannten ‚Gesellschaft', die ja allerdings von ihr alles zu fürchten hat, nämlich die Entreißung des egoistischen Genusses, die Begrenzung der Trägheit, das Ende des arbeitslosen Erwerbes. Der arbeitslose Erwerb ist der idealste Wunsch des heutigen Kulturmenschen, die möglichste Vermeidung der körperlichen Arbeit das höchste Ziel unseres Dampfzeitalters; beide bedingen Ausbeutung, einesteils der Mitmenschen, anderenteils der Naturkräfte, zur Erbauung sinnreicher Maschinen.

Es ist klar, dass diese Prinzipien in einen Abgrund führen müs sen, weil die *einseitige* Ausbildung des Menschen nur nach der Seite der möglichsten Vollkommenheit des *irdischen* Lebensgenusses, alle Rücksicht auf den, dem Menschen innewohnenden höheren *Geist* verdrängt, ihm den sittlichen Grund seines Menschenbewusstseins untergräbt und *die Ziele* seines Lebens verfälscht, die ihn immer mehr von Gott abbringen, anstatt ihn Ihm zuzuführen."

Eine salbungvolle Stimme, die eines *Superintendenten*, erhob sich nun aus dem Gemurmel der Gesellschaft, die augenscheinlich meines Freundes Rede sehr missbilligte:

„Lieber Freund, die *Kirche*, der anzugehören ich das geringe Verdienst besitze, hat sich noch jederzeit bestrebt, den Menschen Gott zuzuführen. Wir haben immer gesucht in dieser Zeit des offenbaren Frevels, wo der Unglaube und die Genusssucht herrschen, den Menschen seinem wahren Ziele zuzuführen."

„Sie werden mich verbinden, mir zu erklären, *worin* Sie dieses Ziel erblicken, Herr Superintendent", fragte mein Freund."

„Nun, selig zu werden!" war die Antwort des Kirchenlichtes.

„Und worin besteht diese Seligkeit? Wie wird man selig?" fragte *Kristjan* weiter.

Ein strafender Blick fiel auf meinen also fragenden und etwas spöttisch dreinschauenden Freund.

Superintendent: „Sollten Sie Ihre Schulzeit schon so vergessen haben? Jedes Kind könnte Ihnen diese Frage beantworten."

Kristjan: „Ich möchte diese Beantwortung aber nicht von Kindern, sondern von Männern hören, und wiederhole meine Frage. Wie wird man selig?

Superintendent: „Dadurch, dass man den Willen Gottes erfüllt!"

✱

Kristjan: „Und was ist denn nun der Wille Gottes?"

Superintendent: „Zweifelsohne die Lehre Christ:

‚Liebe Gott über alles und deinen Nächsten wie dich selbst!' "

„Sie sind völlig meiner Ansicht, mein werter Herr Superintendent", rief mein Freund Kristjan in spöttischem Tone, „doch wie erfüllt denn die Welt diese so höchst einfache, erhabene Lehre? Sie zum Beispiel, mein Herr Justizrat, nebst allen Ihren Herren Kollegen, leben doch jedenfalls nur von der Nichtliebe, vom Hass, von der Streitsucht des Nächsten, und je mehr es Ihnen gelingt, durch schneidige Verteidigung des Schuldigen diesen loszueisen, durch rücksichtsloses Vorgehen im sogenannten Interesse Ihrer Klienten diesen Vorteile zu verschaffen, je höher wächst Ihr Ruhm und die Ehre. Je schneidiger, das heißt liebloser, rücksichtsloser, um so besser für den Geldschrank!"

„Ich muss doch sehr bitten, mich und meinen Stand nicht von diesem Standpunkte aus zu betrachten", entgegnete scharf der *Justizrat.*

Kristjan: „Jeder andere würde aber wohl der *Wahrheit* nicht ganz entsprechen, ich sage das, selbst auf die Gefahr hin, mich einer Verbaljurie schuldig zu machen. Übrigens ist es mit der so viel gerühmten *Wissenschaft* nicht anders bestellt. *Nicht aus Liebe* für den Nächsten, sondern einzig und allein für den Egoismus werden die Erfindungen ausgebeutet. Nicht dem Gemeinwesen, nur der bevorzugten Clique, dem Kapital, kommen die Errungenschaften der Wissenschaft heutzutage zugute. Das Patentwesen, zum sogenannten Schutze des geistigen Eigentums, ist ein klarer Beweis dafür. In der heutigen Zeit der gegenseitigen Ausraubung sind schließlich diese Gesetze nötig geworden, weil *die Menschheit* gewöhnt ist, sich nicht als Nächste, sondern als *Räuber* zu betrachten, von denen einer vor dem anderen stets mit geladener Pistole auf der Hut sein möchte. *Abhilfe* muss hier geschaffen werden, darüber ist man einig, aber wie? Etwa durch die Kirche? Diese dürfte das kaum vermögen, denn in der Theorie lobt natürlich jeder die Vortrefflichkeit der Christuslehre, in der Praxis aber ist sie ein überwundener Standpunkt. Die Kirchen, längst nicht mehr ein Sammelpunkt frommer Andacht, sind sonntags ja leidlich gefüllt; ungefähr wie jeder reinliche Mensch mindestens sonnabends ein Bad nimmt, so wird auch sonntags der Mensch einer geistigen Katzenwäsche unterzogen. Für Momente, im günstigsten Fall, taucht er sich in das Wasser eines geistigen Empfindens, meistens aber fließt jeder Eindruck an den unempfindlichen Seelen ab, und in der Woche darauf wird flott in der alten Weise darauflosgelebt. Der Kirchenbesuch ist Form-, Modesache geworden, abgesehen davon, dass die Wahrheit dort auch nicht stets zu finden ist."

Wieder erhob sich die Stimme des *Superintendenten*:

„Sie scheinen heute in sehr übler Laune zu sein. Wenn die Kirche nicht die Wahrheit bietet, wo fände man sie dann?"

„Wo?" fiel lebhaft mein Freund (*Kristjan*) ein, „die Wahrheit hat sich dorthin zurückgezogen, wo heuzutage allerdings die wenigsten sie vermuten. In das Herz des Menschen. Hier schlummert sie, und wehe dem, der ihre Stimme erstickt. Es kommt für jeden Menschen die Zeit, wo alle Laster der Eitelkeit, der Ehrsucht, der Lüge, der Gewalt sie nicht am lauten Sprechen verhindern und wo sie dann als fürchterlicher Richter erscheint, der die Taten des Menschen abwägt gegen das allen bekannte göttliche Gesetz der Nächstenliebe. *Der Mensch hat mit seinem irdischen Leben noch nicht ausgelebt.*

Sie lächeln, meine Herrschaften, über den Gedanken des strafenden und lohnenden Jenseits; nun, wir werden schon sehen, wer heute über fünfzig Jahre, also an einem Tage, wo wohl niemand mehr von uns leiblich unsere Erde bewohnt, am besten lacht. Sie, die Sie meistens das Jenseits als ein Märchen betrachten, oder ich, der ich von einem Fortleben nach dem Tode überzeugt bin!"

„Mein lieber Freund", sagte im überlegenen Tone ein berühmter *Arzt*, „Ihre Begeisterung ist sehr schön, aber wo sollte denn in dem Körper dies merkwürdige Ding, das da fortlebt, stecken? Der Mensch, dessen Lebensfunktionen von der Ernährung abhängen und vom Blutkreislauf, ist ein so völlig materielles Produkt der vegetativen, gütigen Mutter Natur, wie jedes andere Ding. Er hat seinen Anfang, seine Blüte- und Verfallszeit, und schließlich das Ende. Die sogenannte ‚*Seele*', erklärt sich sehr wohl aus dem Aufeinanderwirken der Atome und Moleküle und den hieraus resultierenden Kräften. Wir brauchen keineswegs auf die unbeweisbaren phantastischen, abgelegten Märchen zurückzugreifen, um Erklärungen für das sogenannnte Seelenleben zu finden!"

Kristjan: „Und weil die Wissenschaft, deren Vertreter, Herr Doktor, Sie sind, uns sagt, es gibt keine Seele, und die Wissenschaft doch entschieden recht hat, denn sie beweist ja alles haarscharf, wenn auch oft durch Hypothesen, die von uns mehr Glauben fordern als die altbiblischen Wundergeschichten, so ist das auch wahr, und folglich brauchen wir auch keine Seelensorger, keine Religion, keine Moral, wohl aber das Recht des Stärkeren, und öffnen hiermit dem Tiermenschen alle Tore, allen Lüsten die unbeschränkteste Berechtigung.Gerade aus der Medizin heraus sind durch die Leugnung des Seelen menschen und die Vergötterung des Tiermenschen Behauptungen entstanden, die der Sittlichkeit Hohn sprechen und das Individuum von der Verantwortlichkeit für seine Taten freizusprechen suchen. Was sollen wir uns denn auch mit solchen Lappalien wie Moral, Sitte, edlem Selbstbewusstsein und Streben plagen, wenn jeder Grund fehlt, den Menschen als etwas anderes als nur ein höher organisiertes Tier anzusehen? Geadelt wird der Mensch erst durch das Bewusstsein seiner edlen Abstammung, das Wissen, dass diese kurze Erdenperiode nur die Vorschule eines höheren, besseren Lebens ist, und dass sein hiesiges Leben die Grundlage, der Anfang ist, auf dem sich jenes höhere Leben aufbaut. Wahrhaftig, es lohnte sich nicht dieses irdischen

Daseins, wenn dessen Inhalt das Ein und Alles wäre!"

„Wenn es für das Gegenteil nur einen deutlichen Beweis gäbe," seufzte ein *Großindustrieller*, der durch seine Wohltätigkeiten bekannt war, „wie gerne würde man sich da einen Schatz im Himmel erwerben!"

„*Ich habe diesen Beweis!*" entgegnete mein Freund *Kristjan* ruhig.

Von allen Seiten tönte ihm ein „Wirklich?" entgegen, in allen Tonfärbungen des Zweifels, Spottes, des Erstaunens, dem sodann die Aufforderung folgte, diesen Beweis kundzugeben.

Er kam dieser Aufforderung nach durch eine Erzählung, die ich mir wörtlich gemerkt habe.

Kristjan begann mit seiner Erzählung:

„Allerdings habe ich diesen Beweis eines besseren, jenseitigen, höheren Lebens, aber nur für mich allein, denn was ich als solche vorbringen kann, sind Erlebnisse, die von Ihnen vielleicht als eine Geschichte aus ‚Tausend und eine Nacht' angesehen werden und Ihnen nicht beweiskräftig sein dürften, falls meine Glaubwürdigkeit nicht unanfechtbar in Ihren Augen dasteht. Selbst wenn ich vermute, dass Letzteres nicht der Fall ist, so sollten Sie doch alles hören, weil ich ein Zeugnis geben will dessen, was mein Handeln innerhalb der letzten Zeit beeinflusst hat, weswegen ich sogar mit den Gerichten in nächste Beziehung kam und mit den Segnungen des vormundschaftlichen Verfahrens bekannt wurde!"

Er verneigte sich bei diesen Worten leicht zu seinen etwas verlegen dreinschauenden Verwandten hin und fuhr dann also fort:

„Als ich vor etwas länger als jetzt einem Jahre eine Forschungsreise nach Afrika unternahm, geschah dieses lediglich nur aus dem Grunde, weil ich hoffte, aus dieser Reise Vorteile für meinen *inneren* Menschen zu ziehen. Die Großartigkeit der unbekannten, innerafrikanischen Natur lockte mich, ich wollte noch ferner die

Werke Gottes an ihr studieren, wollte seine Gesetze ergründen, um so meine Erkenntnis zu bereichern, die ich sodann meinen Menschenbrüdern nicht vorenthalten wollte. Ich fürchtete mich nicht vor den Eingeborenen, wusste ich doch, dass diese harmloser sind, als allgemein ausgeschrien wird, und dass ihre sogenannte Wildheit und Rachsucht mehr eine Frucht des beispiellosen, unwürdigen Auftretens der Europäer ist, als angeborene Grausamkeit, wenn auch nicht geleugnet werden kann, dass ihre Begriffe über Leben und Tod, Menschlichkeit und Menschenwürde andere sind als die unsrigen. Damit will ich nicht sagen schlechter, denn ein Kannibale, der seinen Feind tot schlägt und auffrisst, handelt doch manchmal noch menschlicher als ein zivilisierter Europäer, der seinem Feinde listige Fallstricke legt, ihn vermittelst der Gesetze verfolgt, ihn ruiniert und langsam zu Tode hetzt, damit der in Verzweiflung ende. Die Wilden lieben das summarische, wir das langsame, quälende unserer sogenannten Ehre mehr Genugtuung und Befriedigung gebende Verfahren.“

Erlebnisse im Mondgebirge

Mich reizte das sagenhafte Mondgebirge, jener Alpenzug, der noch völlig unerforscht der Sitz sagenhafter Berichte ist. Es gelang mir mit meiner Expedititon bis dorthin zu gelangen, ohne dass ich allzu große Schwierigkeiten zu überwinden gehabt hätte, nicht aber war ich imstande, weder meine von der Küste mitgenommenen Leute noch die dortigen Eingeborenen zu bewegen, mit mir weiter vorzudringen und jene Gipfel zu besteigen, die ein großes Geheimnis zu verbergen schienen, das zu ergründen meine Wissbegierde anspornte.

Die Eingeborenen belehrten mich, auf und hinter jenen *Bergen* hausten *mächtige Geister*, die es ihnen grimmig vergelten würden, falls ich von meinem Unternehmen nicht abließe. Sie wussten viel von dortigen Dämonen zu erzählen, dass sie gütig seien, solange ihre Ruhe nicht gestört würde, aber dass sie andernfalls ein Eindringen mit dem sicheren Tode straften. Alles das reizte mich nur noch mehr. Jene Höhen erschienen mir als ein Ziel, nach dem ein fast unerklärliches Sehnen mich erfasste, dem ich unmöglich widerstehen konnte. Ich beschloss, nötigenfalls allein vorzudringen. Vergebens war alles Abraten. Ich befahl meinen Leuten, sich hier zu lagern und meine Rückkehr zu erwarten, und suchte die erregten Eingeborenen dadurch zu beruhigen, dass ich versprach, die Geister mit meinem Leben selbst zu versöhnen, falls sie mir zürnen würden.

So machte ich mich auf den Weg. Nach beschwerlichem Marsche erreichte ich den *Fuß des Gebirges* und begann den Aufstieg.

Die Großartigkeit der Natur überwältigte mich. Majestätische Ruhe lag überall ausgebreitet, kein lebendes Wesen war zu sehen, nicht einmal gefiedertes Volk war sichtbar. Ich stieg rüstig bergan. Über Felsen, durch Gestrüpp und Gräser, durch Waldungen und weite Triften erkletterte ich die Höhe und kam langsam, aber doch sicher meinem Ziele immer näher. Nichts zeigte sich von Geistern, keine tückischen Kräfte bedrohten mich, überall war tiefe, geheimnisvolle Stille. Die Einsamkeit der majestätischen Gottesnatur erzeugte in mir eine Andacht, der sich kein Mensch von einigem Empfinden in solcher Lage wird erwehren können; es ist, als spräche der Geist Gottes zu uns mit leisem Flüstern: *Da siehe Meine Werke, bewundere Meine Allmacht*, aber *liebe Mich*, das ist alles, was ich von dir verlange, und ich werde es dir vergelten tausendfach!

Ich hatte etwa die Hälfte des Weges zurückgelegt und ruhte auf einem Felsblock von dem beschwerlichen Marsche aus, das Auge verloren auf die unter mir liegende, herrliche Tropenlandschaft gerichtet, plötzlich erfasste mich ein eigentümliches Gefühl, als wäre ich nicht mehr allein und würde beobachtet.

Unwillkürlich fasste ich mein Gewehr fester, das geladen in meinem Arme ruhte, und meine Blicke richteten sich nach der Höhe des Berges, als suchten sie dort den geheimnisvollen Magneten, der mich zu sich zog. Ich konnte das beklemmende Empfinden des Beobachtetseins nicht loswerden, verließ meinen Platz und begann direkt dem Gipfel des Berges zuzuklettern.

Mit großer Anstrengung und aller Ermüdung spottend verfolgte ich mein mühsames Unternehmen, bis ich endlich vor mir eine Art Terrasse des Berges sah, die willkommenen Ruheplatz verhieß. Mein Gewehr über die Schulter gehängt, die Provianttasche an der Seite, mit beiden Händen einen Stab, den ich als Bergstock benützte fassend, hatte ich nur Augen, meinen Füßen einen Stützpunkt zu suchen, und achtete nicht auf das, was über mir etwa in der Höhe vorging. Da fiel ein Schatten auf meinen Weg, und aufschauend gewahrte ich am Rande jener Felsenterrasse, der ich zustrebte, einen jungen Menschen stehen, dessen Aussehen mich stutzen machte.

So hatte meine Phantasie sich stets den jungen Jakob vorgestellt, als er die Schafe Labans weidete.

Freundlichen Blickes reichte er mir die Hand, um meinen Aufstieg zu erleichtern, aber dieser klare Blick enthielt eine solche magische Gewalt, dass ich meinte, mich nie mehr von diesen Augen abwenden zu können.

Ich sah vor mir einen Jüngling von unzweifelhaft arischer Abstammung, gebräunter Hautfarbe, schwarzem, kurzem Lockenhaar und edelster Gestalt, gekleidet wie die Hirten des Altertums, mit kurzer Tunika und Sandalen an den Füßen. Meine erstaunten Blicke musterten diesen so unverhofft aufgetauchten jungen Menschen, doch ergriff ich beherzt die dargebotene Hand und schwang mich mit einem Satz hinaus zur Terrasse neben ihn.

„Willkommen Fremdling", sprach er mich mit angenehmer Stimme in meiner Muttersprache an.

War ich vorher erstaunt gewesen, so war meine Verblüffung jetzt geradezu grenzenlos, hier in dieser Wildnis die Laute meines Landes zu hören. Hastig fragte ich ihn, wer er sei.

Der Jüngling lächelte und sagte: „Ruhe erst ein wenig, wir haben noch einen weiten Weg."

Er wies nach einer anscheinend tiefen Höhle, die sich in dem Felsen zeigte und deren Inneres Kühlung und Schutz vor der glühenden Sonne bot. Gerne folgte ich der Aufforderung, streckte mich auf den trockenen, weichen Sand, der den Boden der Höhle bedeckte, neugierig, den jungen Menschen betrachtend, der nun am Eingang stand und aufmerksam in die weite Ebene blickte, ohne sich weiter um mich zu kümmern. Mich hatte der Marsch hungrig und durstig gemacht. Ich griff daher nach den Stärkungen der Provianttasche und lud den rätselhaften Unbekannten ein, teilzunehmen an meinem Mahle. Er dankte freundlichst und sah mir lächelnd zu, wie ich hastig meinen Vorräten zusprach. Ich verhielt mich längere Zeit stillschweigend, kannte ich doch die Sitte der Eingeborenen sehr wohl, die da verlangt, eine neue Bekanntschaft nicht durch vieles Fragen einzuleiten, sondern erst ein möglichst ruhiges, würdevoll schweigsames Benehmen anzunehmen. Die Missachtung dieser Sitte kann die ärgsten Unzuträglichkeiten herbeiführen. Ich beendete daher schweigend mein Mahl, packte in aller Ruhe meine Provianttasche zusammen und sah dann meinen noch immer stumm dastehenden *Unbekannten* fragend an.

„Ich stehe ganz zu deinen Diensten und will dich zu den Meinen führen", sagte er ruhig.

Ich war wiederum überrascht, denn er hatte eine genaue Antwort auf meine unausgesprochene Gedankenfrage gegeben.

„Wer sind die Deinen?" fragte ich, während ich unwillkürlich für mich überlegte, ob ich es auch wagen könne, ohne weiteres zu folgen.

„Du kommst zu Freunden und wirst deine Waffen nicht brauchen, diese sind nutzlos bei uns", sagte er, wieder in richtiger Erkenntnis meines Gedankenganges, „*bei uns herrscht der Friede*"! Im Frieden bin ich dir entgegengekommen und werde dich mit diesem leiten, bis du uns verlässest. Mein Vater harret deiner schon längst. Es ist derjenige, der mich hier dich erwarten hieß. Er sah dich in unser Land kommen, und da du guter, edler Gesinnung, so hat er dich beschützt. Uns ist mehr möglich, als du ahnst. Ich zog dich, seit du in Gesichtsweite bist, mit meinem Willen hierher und beobachtete dein Kommen, sonst hättest du den Weg nicht gefunden."

Mein Erstaunen war jetzt der Gewissheit gewichen, einem Geheimnis gegenüberzustehen, das ich jedenfalls lösen wollte. Der junge Mensch hatte stets auf meine blitzartig auftauchenden Gedanken *geantwortet*, noch ehe ich diese in Worte einzukleiden vermochte. Meine früheren Studien über sogenannte okkulte Wissenschaften gaben mir den Schlüssel, dass hier eine Gedankenübertragung stattfand, wodurch eine derartige schnelle Unterhaltung ermöglicht wurde. Die eigentümliche Sehnsucht nach dieser Höhe, die mich im Tale erfasst hatte, das Gefühl des Beobachtetseins, während ich mich allein wähnte, kam mir jetzt in den Sinn;

✱

entschlossen sagte ich zu dem jungen Menschen:

„Ich bin bereit dir zu folgen!"

Freundlich nickend rief er mir zu: Komm, *deine Fragen werden dir bei uns beantwortet werden*!" und schritt in das Innere der Höhle. Ich folgte.

Ein schmaler, gewundener Gang öffnete sich wie ein Tunnel, wir schritten hinein. Bald umgab uns dichte Finsternis und ich blieb stehen. Mein Führer fasste mich an der Hand und zog mich nach sich, ohne dass irgendein Hindernis meine Tritte nunmehr störte. Wir gingen lange Zeit in diesem von der *Natur* erbauten *Tunnel*, als plötzlich aus der Ferne ein Stern aufschimmerte, der allmählich größer werdend sich schließlich als das Ende des Tunnels erwies, in das das helle Tageslicht hereinflutete. Wir erreichten den Ausgang der Höhle, und nun bot sich einem überraschten Blick ein ganz außerordentliches Bild. Vor mir öffnete sich ein *Bergkessel*, der vielleicht fast eine Meile im Durchmesser haben mochte. Völlig unzugängliche hohe Berge, deren kahle Gipfel hoch in die Wolken ragten, schienen jeden Zugang zu diesem abgeschiedenen Orte zu verschließen.

Allem Anschein nach bot die Höhle, die wir duchwandert hatten, den einzigen Zugang zu diesem verborgenen, bergumgrenzten Tal. Ein Durchblick oder eine tiefere Einsenkung des Ring-Gebirges, wodurch ein Hinterland zu erblicken gewesen wäre, war nicht ersichtlich. Das zu meinen Füßen liegende Tal war von zahlreichen Bächen durchströmt, die in einen klaren, anscheinend sehr tiefen See sich ergossen. An den Ufern des Sees wuchs die ganze Fülle der tropischen Flora, und aus dem dunklen Grün der Palmen und mannigfaltigen Gebüsche lugten freundliche helle *Wohnhäuser* hervor, die nach orientalischer Art gebaut waren. Das Ganze machte den Eindruck, wie sich meine Phantasie oftmals die biblischen Ortschaften der Prophetenzeit vorgestellt hatte. Ein unsagbarer Frieden ruhte auf der Landschaft, kein Hauch regte sich, da von den schützenden riesigen Bergketten die Luftströmungen abgehalten wurden.

Mein Führer ermahnte mich, ihm genau zu folgen, weil der Abstieg nunmehr beschwerlich würde. Er führte mich über Geröll und durch hohe Gewächse in Schlangenwindungen den Berg hinab. Sein kraftvoller Arm musste mich oftmals stützen, und ich bewunderte die Sicherheit, mit der dieser Jüngling spielend und mühelos die größten Hindernisse überwand, während ich im Schweiße meines Angesichts der großen Anstrengung manchmal zu unterliegen drohte. Leicht, als hätte er Flügel, sprang er auf Felsblöcke und zog mich nach sich; dann wieder rollte er große Steine beseite, damit mein Fuß besseren Stützpunkt fasse, so dass ich die Kraft nicht begreifen konnte, welche in dem doch nicht herkulischen Körper wohnen musste.

Wir hatten bei unserem Abstieg die Richtung nach einem Sattelvorsprung des Gebirges eingeschlagen, auf dem ein größeres Gebäude stand, das gewisserart die Umgebung zu beherrschen schien. Jedenfalls konnte man von ihm aus das ganze Tal leicht überschauen, und mein Führer sagte mir, dass dieses das Ziel unserer Wanderung sei. Wir traten nun in einen Wald ein und gewahrten gebahnte Wege, die wir beschritten.

„Gleich sind wir am Ziele", rief er mir ermutigend zu, wiederum im richtigen Erkennen meines unausgesprochenen Wunsches, „doch ist das für dich Schwierigste noch auszuführen." Diese Worte waren mir nicht angenehm, da meine Erschöpfung einen Höhepunkt erreicht hatte, der mit dem gänzlichen Versagen meiner Kräfte gleichbedeutend war. Ich schleppte mich mehr, als ich ging, und als der junge Mann nun stille stehend nach einer Lichtung wies, gewahrte ich, nähertretend, dass die jäh abfallende Felswand vor uns einen fürchterlichen Abgrund öffnete. Es war unmöglich, weiter vorzudringen, schauerliche Tiefen schnitten jeden Weg vor uns ab. Von unten heraus lachten die freundlich einladenden

Wohnhäuser aus dem tiefen Grün herauf, aber es war keine Möglichkeit vorhanden, dieselben zu erreichen, ich hätte denn des Adlers Flügel besitzen müssen.

Lächelnd sah der Jüngling mich an und wies auf meine Frage, wo der Weg sich fortsetze, direkt hinunter in die schauerliche Tiefe. Entsetzt sah ich ihn an, glaubte ich doch in diesem Augenblick einen Wahnsinnigen vor mir zu haben. Bald jedoch wurde ich eines besseren belehrt. Von unten aus dem Abgrund herauf, dicht an der glatten Felsenwand, erhob sich plötzlich ein schmales Gerüst, wie aus einer Theaterversenkung, auf dem mehrere Personen Platz hatten. Der junge Mann fasste meine Hand und zog mich dasselbe betretend, nach sich. Ich sah jetzt, dass eine Art Fahrstuhl die Verbindung zwischen der Höhe und dem Tale herstellte, musste jedoch sofort schwindelnd die Augen schließen, als ich die fürchterliche Tiefe erschaute, und hielt mich bebend an meinem Führer fest. Die Fahrt ging rasend schnell hinab in das Tal. Mir verging der Atem, ich wagte nicht die Augen zu öffnen, da, ein leichter Stoß, das Gefährt ruhte, und wir waren unten.

Schauernd maß ich die fürchterliche Höhe der Felsen, in deren Gestein die kunstvolle Maschinerie in mir unerklärlicher Weise eingefügt war, und dann umherblickend bemerkte ich mehrere *kräftige, herrliche Männergestalten*, ähnlich wie mein Führer gekleidet, die hier anscheinend das Wächteramt vertraten. Achtungsvoll begrüßten uns diese. Einer von ihnen trat auf mich zu und forderte mich freundlich auf, mein lästiges Gepäck und die Waffen ihm anzuvertrauen. Ich tat es. Wenige Schritte entfernt gewahrte ich ein freundliches Häuschen, vom Gebüsche fast versteckt. Von dort hörte ich munteres Pferdegewieher, und gleich darauf brachte ein Knabe ein gezäumtes Pferd, welches mein Führer mich zu besteigen bat. Ich war wie unter einem Banne, es kam mir nicht der Gedanke eines Widerspruches, noch die Frage in den Sinn, was man mit mir vorhabe. Das ganze Abenteuer war so seltsam, erschien mir so märchenhaft, dass ich mich ohne Zögern völlig dem Augenblicke hingab, wohl wissend, dass, wenn man Böses mit mir vorhabe, jetzt doch jeder Widerstand nutzlos sei und nur ein würdiges Benehmen von Vorteil sein könne. Doch wie gesagt, ich fürchtete mich nicht, denn diese völlig waffenlosen Männer hatten nur ein das höchste Zutrauen erweckendes Benehmen an sich. Das kräftige Pferd, das mich trug, schritt munter vorwärts, mein erster Führer und derjenige Mann, welcher mein Gepäck abgenommen hatte, schritten schweigend nebenher und führten mich auf guten We gen dem schon erwähnten, das Tal beherrschende Haus zu, das jetzt durch Bäume teilweise verborgen war.

Nach längerer Wanderung tauchte es plötzlich aus dem Grün hervor. Mitten auf der Plattform des Hügels, umgeben von mächtigen Palmen und blühenden Büschen, erhob sich ein mächtiges, morgenländisch gebautes, herrliches Gebäude von höchster architektonischer Schönheit; ein weiter Hof mit Nebengebäuden schloss sich an der einen Seite an, während die anderen Seiten ein prachtvoller, sorgsam gepflegter Blumengarten, der sich den Hügel hinabzog, umgab. Ich sah mich in eine Märchenwelt versetzt. Kostbare Statuen, plätschernde Brunnen, springende Fontänen schmückten diesen Garten, herrliche, liebliche Blumen von nie gewesener Pracht und Größe dufteten, dazu der goldige Sonnenschein, das lichte Blau des Himmels, die riesigen, schneeigen Gipfel der gewaltigen Berge, die den Hintergrund malerisch umschlossen, der Blick in das köstliche, friedvolle Tal vor uns, alles das war von berauschender Schönheit, von überwältigender Erhabenheit. Wollte sich während des Rittes doch manchmal zweifelnde Sorge um mein Wohlergehen wieder einschleichen, jetzt schwand diese völlig, denn Menschen, die diese Gegend bewohnten und solche Kunstwerke, wie dieser Garten war, zu schaffen verstanden, konnten nur hochgesitttet und unmöglich anders als gastfreundlich sein.

Aus der Tür des prächtigen Hauses trat jetzt ein großgewachsener Mann in mittleren Jahren hervor, gefolgt von einigen Männern, anscheinend den Dienern des Hauses. Mein junger Führer eilte ihm entgegen und wurde von ihm umarmt; sie wechselten einige Worte und sodann rief mir der Mann, der wie ich sofort erkannte, der Hausherr war, einen freundlichen Friedensgruß zu und forderte mich auf, einzutreten. Ich folgte ohne Zögern, wurde von dem Hausherrn ebenfalls umarmt, leicht auf die Stirne geküsst und sodann in ein hohes freundliches Gemach geführt, das angenehme Kühlung spendete. Ich war mit dem gebietend aussehenden Manne allein. Selten hatte ich einen Menschen von so *hoheitsvollem, edlem Aussehen* gesehen. Eine *priesterliche Würde ging von ihm aus*, die durch die weiße, bis zur Erde reichende, faltige Kleidung wesentlich verstärkt wurde. Seine Bewegungen zeigten einen königlichen Anstand, seine tiefe, wohlklingende Stimme war von geradezu fesselndem Eindruck, die Klarheit und der Glanz seiner Augen von einer Gewalt, die auch den verstocktesten Sünder hätte erzittern lassen. Staunend blickte ich auf das reiche, orientalisch geschmückte Gemach, die kunstvollen Teppiche und Vorhänge, die teilweise europäische Ausstattung des Gerätes und den lächelnd auf mich schauenden Hausherrn, der augenscheinlich wohlgefällig mich betrachtete und dem gegenüber ich mir vorkam wie ein befangener Bürger, der unerwartet und zum ersten Male seinem Fürsten gegenübersteht.

„Nochmals willkommen, Freund“, redete er mich an und reichte mir die Hand. „Du wunderst dich, hier mitten in einer erwarteten Wildnis ein gesittetes Volk zu treffen. Nun wie gefällt dir diese *Offenbarung des Geheimnisses, dem zu zustrebst*? Entspricht es deinen Erwartungen?“

Ich erwiderte: „Freund , wer du auch seist, gestatte, dass ich zuvor von all dem Seltsamen, das ich schon gesehen, mich ein wenig erhole und zunächst meine Sinne an das Unerwartete gewöhne. Ich bin verwirrt. Mitten in dem geheimnisvollen Afrika finde ich

Menschen, die meine Sprache reden, finde ein Paradies, finde Kultur und Sitte, während jenseits der Berge alles so ganz anders ist. Wie ist es möglich, dass unsere Welt nicht von euch weiß?"

„*Weil wir es so wollen*, nach dem Willen des Höchsten"; antwortete ernst der Hausherr, „und gegen meinen Willen hättest auch du nie und nimmer diesen Weg gefunden. Du gehörst zu unserem Geschlechte, irrtest verloren unter jenen Menschen umher, die da glauben, die Herren dieser Erde zu sein, *du suchtest uns*, wenn auch *unbewusst*, und so zog ich dich hierher, damit du das innere Kleinod finden mögest, das jeder sucht und wenige finden."

Erstaunt sah ich auf den Sprecher. Dieser fuhr fort: „Hat dich nicht der Unfrieden in dir fast verzehrt, trieb dich der Durst nach reiner Erkenntnis nicht von Land zu Land, suchtest du nicht selbst eine Zeitlang durch sinnloses Vergnügungsleben dich zu betäuben, weil du daran verzweifeltest, Wahrheit zu finden; denn alles erwies sich dir als Täuschung und eitler Selbstbetrug: das Wissen und Können der Welt, das Leben und Treiben der Menschen. Gähnte dich nicht die Leere des Daseins, das dir so ohne Zweck und Ziel erschien, wie ein offener Höllenrachen an, dem du doch niemals entfliehen zu können vermeintest?

Sieh, es gab eine Stunde in deinem Leben, die entscheidend für dich sein sollte. Du hattest das Wissen der Welt in dir aufgespeichert und erkanntest, wie wenig dieses geeignet ist, um die Lebensrätsel zu lösen. Du hattest dem Wesen des Lebens nachgeforscht; doch weder Retorte noch Seziermesser konnten dir dieses erklären, denn du *suchtest Gott im Äußeren*, und so konnte Er sich dir auch nicht offenbaren; dadurch fühltest du dich vereinsamt und verlasssen, und dieses grauenhafte Bewusstsein der Öde warf dich einstens in deinem Studierzimmer mit so großer Gewalt zu Boden, dass du im innersten Herzen aufschriest:

‚Gott, da droben, wenn Du bist, *so offenbare Dich mir, und ich will Dich preisen*!'

Heiße Tränen weintest du und als durch diese dein schweres Herz sich erleichtert hatte, fiel dein Blick auf ein neues Werk über Afrika, das von dir achtlos zur Seite geschoben war. Zündend fiel der Gedanke in deine Seele, dorthin zu wandern, und verließ dich nicht wieder. Du führtest dein Vorhaben aus, und jener Aufschrei, der hier bei uns einen Widerhall gefunden hat, wird dich erlösen, *du sollst den langgesuchten Frieden finden*!"

Staunend sah ich den Sprecher an und fragte stammelnd:

„Wer bist du, dass dir diese Dinge bekannt sind? In jener Stunde war ich allein, keines Menschen Auge hat mich gesehen, und dennoch ist dir nicht nur das Äußerste, sondern auch der geheimste Gedanke meiner Seele bekannt. Bist du ein allwissender und allsehender Gott? Seid ihr Götter, die nur im scheinbaren Fleischleibe auf Erden walten?"

Mein Wirt sagte ernst: „Und sollen wir Menschen nicht Götter werden, nicht Götter sein? Ist der stolze Name ‚Ebenbild Gottes', den der Mensch trägt, nicht ein Zeugnis dessen, dass er vollkommen werden soll, wie der Vater im Himmel es ist? Was wunderst du dich, wenn du in dieser segensvollen Abgeschiedenheit Menschen findest, die auf dem Wege zur Vollkommenheit dir ein wenig voraus sind? Freilich, da staunst du und bietest ein getreues Bild der allgemeinen Menschheit dar, die jenseits dieser Höhen in den Ländern der sogenannten Zivilisation wohnen. Diese staunen, sobald etwas über den Rahmen ihrer selbstgemachten Begriffe hinausgeht; alles das ist ihnen dann unfassbar und unwahr, es ist ein Schwindel. Willst du nicht auch grübeln, auf welche weltläufige Art ich etwa Kunde von dir erhalten habe, um jetzt einen schlauen Betrug auszuführen, ein Gauklerspiel, um vor dir als höheres Wesen zu gelten? Sieh um dich, du bist bei mir, sogar in meiner Gewalt, was könnte es für einen Zweck haben, dich den Fremdling, der uns nichts nützen kann mit seiner mitgebrachten Kultur, täuschen zu wollen? Darum habe sehende Augen, *lerne bei uns*, da du uns nichts lehren kannst!“

Ich schwieg eine Weile beschämt – hatte doch der Hausherr sofort die in mir aufsteigenden Gedanken erkannt und ihnen Ausdruck gegeben und sprach dann: „Freund, wer du auch seist, führe mich aus diesem Chaos widerstreitender Gefühle heraus, damit ich imstande bin zu lernen, leite mich an, meine Gedanken zu beherrschen, denn ich sehe, diese sind dir alle offenkundig, und ich fürchte fast, diese unheimliche Wissenschaft könnte hindernd zwischen uns treten.“

Lächelnd sagte der Hausherr: „Was hindert dich denn, alle feindlichen Gedanken zu verbannen? Unter den sogenannten Kulturmenschen ist Misstrauen Lebensklugheit, und die Kunst, das Innere entgegengesetzt dem glatten Äußeren zu gestalten, der höchste Triumpf gesellschaftlichen Formenwesens, doch hier bist du ja bei den Wilden, denn von eurer gewohnten Kultur findest du bei uns keine Spur. Hier ist Offenheit Naturgesetz, dem Menschen lesen wir die Gedanken von der Stirne. Täuschung ist nur möglich da, wo missachtete Sittenreinheit das Geistesauge trübt; bei uns gilt nicht die gesellschaftliche Form, sondern die Übereinstimmung von Gedanken und Tat, geleitet durch die Lebensweisheit als höchsten Triumpf des Lebens. Verbanne darum jedes Misstrauen, jage es hinüber, weit hinter jene unübersteigbaren Berge, hier wohnt nur Brüderlichkeit und Wahrheit; du hast hier nichts zu fürchten. Komm, ruhe hier aus und lass uns plaudern, wie es Menschen geziemt, die sich als Brüder erkennen; frage – ich werde antworten. Willst du dich stärken, so genieße von diesen Speisen.“

Mit diesen Worten entnahm er einem Schrank ein Körbchen frischer Tropenfrüchte und setzte einen Krug, gefüllt mit köstlichem Weine, auf einen Tisch. Ich streckte meine noch vom Wege ermatteten Glieder auf ein Polster aus und griff wacker zu.

Nach kurzer Pause fragte ich meinen Wirt: „Erkläre mir, mein

Freund, wie ist es dir möglich, meine Gedanken zu erkennen? Auch deinem Sohne war dies ein leichtes, wie ich schon an mir erfahren habe. Worauf beruht diese wunderbare Gabe, deren Möglichkeit bei uns geleugnet wird?"

Er antwortete: „*Weil wir das Lebensziel* des Menschen *erkennen* und das Gesetz erfüllen. Du verstehst mich nicht, nun wohl, so höre:

Nimm irgendein Buch, du wirst die geschriebenen oder die gedruckten Buchstaben leicht entziffern und den Sinn, den sie umkleiden, ohne Mühe begreifen, weil dir die Kunst des Lesens sehr geläufig ist. Kommt nun ein Mensch, der diese Kunst noch nicht verstehend das Buch betrachtet und weil er die krausen Zeichen nicht deuten kann behauptet, es sei unmöglich, aus ihnen einen Sinn abzuleiten, so wird deine Kunst deswegen doch bestehen bleiben und deren einfache Gesetze dem Kenner klar ersichtlich sein. So ist es auch hier. Das Leugnen der Nichtkenner wird das Gesetz nicht aufheben. Was schafft denn in dem Worte das Verständnis, der Laut oder der Begriff, der mit den Lauten verbunden ist? Gewiss nur der Begriff, der Laut ist nur Übertragungsmittel von einer Person zur anderen. Nun denke, wenn sich das Übertragungsmittel ändert, würde sich dann der Begriff auch übertragen lassen? Gewisslich, denn die Schrift zum Beispiel ist schon ein solches Mittel. Ich frage dich nun, auf welchem Wege verstehst du die durch Laute oder in der Schrift eingekleideten Begriffe? Jedenfalls dadurch, dass in deinem Gehirn durch den Reiz des Lautes oder des Buchstabenbildes der umkleidete Begriff in deiner Seele klargestellt oder erweckt wird. Liegt aber in deiner Seele nicht bereits der Begriff, so kann er auch nicht erweckt werden, der Mensch versteht sodann nicht das Übermittelte, weil sein Wissen eine Lücke aufweist, die erst ausgefüllt werden muss, indem er lernt. Würden nun zwei Menschen, in deren seelischen Vorstellungsvermögen genügend Begriffe, also Wissen aufgespeichert liegen, noch ein anderes, bisher unbekanntes Mittel finden, als nur den Reiz des Lautes oder Buchstabenbildes, um diese Begriffe in der Seele gegenseitig zu erwecken, so würden sie sicherlich sich ebenso geläufig verstehen können, als wie auf den allgemein bekannten Wegen.

Ein solches Mittel gibt es, *es ist der Wille.* Wird dieser genügend geübt, so dass die ausgehenden Willensimpulse empfunden und aufgenommen werden, so ist das Verständnis nicht schwierig. Jeder Gedanke ist aber mit einem Willensimpuls verbunden, sonst könnte die Seele ihm nicht gewisserart Leben einhauchen und ihm solchen Nachdruck geben, dass der Mensch von sich sagt: Dieser Gedanke lebt und herrscht in mir, bin ich nun empfindlich genug, diese Reihe von noch so schwachen Gedanken – Willensimpulsen – zu empfinden, und ich empfinde sie, ähnlich wie du das Gespräch anderer hören oder nicht hören kannst, je nach deinem Interesse, so lese ich auch deine geheimsten Gedanken, weil du nicht denken kannst, ohne denken zu wollen, und dieses Wollen der Verräter wird. Wir sind hier sehr geübt, Willensäußerungen zu empfinden, weil *unsere Erziehung* dahin geht, vor allen Dingen den *Willen zu üben.* Wir gehen von dem Grundsatz aus, dass zuerst der Mensch, um seinem Daseinsziele gerecht werden zu können, sich selbst beherrschen muss. Das will besagen, dass er nicht etwa nur äußere Selbstbeherrschung zu zeigen vermag, während im Innern der Sturm tobt, sondern dass er jede seelische Regung gründlich zu beherrschen versteht, so dass diese nie über den Willen in Gestalt der Leidenschaft sich erheben könne, sondern stets von diesem regiert wird. Lediglich äußere Selbstbeherrschung ist Verstellung, die wir hassen. Innere und äußere Selbstbeherrschung, die unzertrennlich auftreten müssen, sind eine Tugend, die den Menschen zur Höhe des wahren Menschentums führt. Durch diese Tugend vermögen wir viel, weit mehr als unsere Brüder in den sogenannten zivilisierten Ländern, die sich so gerne als Herren der Natur betrachten und doch nur die Sklaven derselben sind, wenn sie auch goldene Ketten tragen."

✠

Verwundert fragte ich: „Wie, meine Brüder wären Sklaven? Blüht nicht Kunst und Wissenschaft in jenen Ländern, sind die Erfindungen der Neuzeit nicht Triumpfe des siegreichen Menschenverstandes?"

Ernst entgegnete mein Gastgeber: „Freund, im Laufe der Zeiten hat es schon oftmals Völker gegeben, die den Verstand wohl auszubilden wussten, die Großes leisteten, von denen die Geschichte zu berichten weiß, die Künste, Wissenschaften trieben, und wo sind deren Spuren nun geblieben? Verweht ist deren Dasein, und die jetzige Welt meint, das sei das allgemeine Schicksal, dem nicht zu entgehen ist; Neues müsse stets auf Altes folgen, und es sei eitel, zu meinen, es könne, was vom Menschensinn erschaffen worden, jemals von ewiger Dauer sein.

Und dennoch könnte sehr wohl das einmal Errungene unvergänglich den kommenden Geschlechtern erhalten werden, wenn nur die *rechten Wege* benutzt und nicht missachtet würden. Es genügt nicht, nur zu schaffen; damit das Geschaffene von Dauer sei, muss ihm Erhaltungskraft gegeben werden, die da aufbaut, verbessert und ergänzt. Nun sie, damit diese Erhaltungskraft sich äußere, wirst du des Willens wieder nicht entbehren können. Leicht ist es dir ersichtlich, dass eine liederliche Arbeit weniger dauerhaft sein wird als eine ernst verfertigte; zur einen brauchst du weniger, zur anderen mehr Anstrengung des Willens, und diese dadurch mitgegebene verschiedene Erhaltungskraft zeigt sich auch bald recht ersichtlich an dem Werke. Die Werke, die geschaffen werden zum Zwecke des Genusses – und was die Menschheit schafft, hat meist nur diesen Zweck – sollen auch schnell zustande kommen, damit der Genuss recht bald ermöglicht werde, und damit tragen sie den baldigen Verfall schon in sich, denn es ist liederliche Arbeit, die der Zeit nicht widersteht, *nur das hat Dauer, dem der ernste Wille Erhaltungskraft verleiht* und das dadurch auch der Zeit zu trotzen vermag. Doch besser als alle Worte wird dir das Beispiel zeigen, was der

Wille bei uns vermag. Komme, folge mir, lass uns einen Rundgang machen, damit du die Bewohner dieses Tales kennenlernst! Oder fühlst du dich noch ermüdet?"

Ich verneinte, denn wunderbarerweise empfand ich keine Spur mehr der früheren Erschöpfung, und gerne war ich bereit, meinem Wirte zu folgen.

Mein Gastgeber führte mich nun hinaus. Wir gingen den Hügel hinunter zu jenen freundlichen Häusern, die ich von der Höhe aus schon bemerkt hatte. Ich will darüber kurz sein.

Ich habe dort Menschen gesehen, die weder Zwietracht, noch Neid, noch Rang kannten, sondern die als Brüder miteinander verkehrten, brüderlich sich unterstützten und vor allen Dingen hohes geistiges Wissen besaßen. Jene Fähigkeit, welche mich so sehr in Erstaunen gesetzt hatte, die Gedanken anderer zu lesen, besaßen sie alle; es war daher unmöglich, dass die Lüge und der Trug sich breitmachen konnten, ein nutzloses Beginnen, das sofort die Verachtung aller zur Folge gehabt hätte.

Die freigebige Natur gewährte ihnen zum Lebensunterhalte alles, jedoch wussten sie die treibenden Kräfte derselben durch eine wunderbare Willenskraft zu verstärken und zu benutzen. Ihre Felder und Fruchtbäume trugen einen Segen, wie er mir bisher unbekannt war und unglaublich erschien; später erst wurde es mir klar, welche Gesetze ihre Fruchtbarkeit bewirkten. *Wunderbar war die Wirkung ihrer Willenskraft*, die sie ausübten, gegenseitig sowohl auf sich, als auf alle anderen lebenden Wesen. Auf Entfernungen, wohin der Ruf der Stimme nicht gelangte, verständigten sie sich mit Leichtigkeit durch den Willenstelegraf (Telepathie); das Gesetz war dasselbe, welches mein Gastgeber entwickelt hatte. *Die Tiere* gehorchten ihrem unausgesprochenen Willen ebenso wie die mühsam abgerichteten Tiere unserer Kulturländer, nur weit williger und genauer. Mein Führer zeigte mir das glückliche Familienleben der Talbewohner. Beide Geschlechter lebten hier sich liebevoll ergänzend; hier gab es keine Herrschsucht, keine Emanzipation. In dem gegenseitigen Bestreben, sich Liebe zu bezeugen, suchte auch kein Teil die Grenzen zu überschreiten, die jedem Geschlechte gezogen sind. Wahre Erkenntnis der Pflichten zeigte sich allezeit in ihrem Handeln. Das *Alter* wurde von ihnen geehrt, wie ich es nie bei anderen Völkern gesehen, und diese Ehrfurcht war begreiflich, da die Last des Alters von den Greisen nicht empfunden wurde, denn dort fand ich nur alte Menschen, die nicht nur im vollen Besitze ihrer Körperkräfte waren, sondern infolge ihrer Erfahrung und ihres inneren Lebens auch im Besitze erhöhter Geisteskräfte und des umfangreichsten Wissens. Nicht dieser kurze Gang allein überzeugte mich von alledem, sondern ein längerer Aufenthalt, der mir unter diesen wahrhaften Menschen gewährt wurde, gab mir ein Urteil, das auch spätere Eindrücke nur bestätigten.

Als wir aus einem Hause traten, wohin mich mein Gastgeber geführt hatte, um das patriarchalische Familienleben und die geordnete harmonische Lebensart der Insassen kennenzulernen, ward mir ein gewaltiger Schrecken zuteil. Aus der Türe zuerst heraustretend, gewahrte ich dicht vor mir einen mächtigen *Löwen*, der zähnefletschend mich anknurrte und anscheinend sich sprungbereit machte. Schnell riss ich meinen Revolver, den ich an der Seite trug, hervor um mich zu verteidigen, streckte den bewaffneten Arm aus und fühlte mich sofort wie gelähmt. Der Hausherr, dessen Heim wir soeben verlassen wollten, hatte zu mir hin abwehrend eine Handbewegung ausgeführt, die es mir sogleich unmöglich machte, nur noch ein Glied zu rühren. Sodann schritt er eilig vor, fasste das gewaltige Tier an seiner zottigen Mähne, rief ihm einige Worte zu und gehorsam trabte dieser König der Wüste einem Winkel des Hauses zu, wo er sich niederlegte.

Lächelnd wandte der Mann sich zur mir, dem jetzt erst die Lähmung aus den Gliedern wich und sagte: „So gefährliche Haustiere habt ihr in eurem Europa nicht; hier bei uns sind sie willkommene, harmlose Gäste, die uns nicht schaden, sondern dienen. Dein Revolver war unnütz zur Verteidigung und würde ohne meinen Eingriff, meinen Kindern einen Spielgenossen geraubt haben, der ihnen lieb und teuer geworden ist!"

Wir verabschiedeten uns, und unterwegs drückte ich meinem Gastgeber meine Verwunderung über das Abenteuer aus. Er sagte mir: „Du magst hieraus erkennen, wie wenig ihr und wie sehr wir Herren unserer Umgebung sind. Jeder unserer Knaben wird ohne Furcht dem reißendsten Tiere entgegentreten und es durch seinen ungebeugten Willen, der sich in seinem Blicke ausspricht, zu bändigen wissen; ja wir ermuntern sie dazu, damit sie diese Kraft üben. Es bedarf keiner Waffen, unser Wille genügt uns, und dass er kräftig ist, hast du an dir soeben selber erfahren. Mit allen deinen Waffen: Jagdgewehr, Revolver und Pistolen würdest du als Feind hier nichts ausrichten, jeder dieser Talbewohner würde dich mit einem einzigen Willensimpuls gerade so lähmen, als es jener Besitzer des Löwen tat, dem du voreilig sein Tier niederschießen wolltest!"

Nachdenklich ging ich neben meinem Führer weiter. Ich kam mir mit meiner Zivilisation, mit meinem Können recht erbärmlich vor, schrumpfte doch das, worauf ich bisher glaubte stolz sein zu können, zu einem Nichts zusammen. Wir gelangten durch herrliche, blumige Gärten und reich gesegnete Felder zu jenem See, dessen spiegelglatte Fläche mich auf der Höhe so freundlich angeäugt hatte. Vor uns sah ich in mäßiger Entfernung eine Insel, zu der jedoch keine Brücke führte. Dichtes Laubholz und schlanke Palmen verhüllten geheimnisvoll das Innere. Mir schien es, als schimmerte hinter dem tiefen Grün die weiße Fläche eines Gebäudes hervor. Ich fragte meinen Führer, was das sei.

Er antwortete: „Hier ist der Ort, wo wir Ihn, den Geber des Lebens, den Quell unseres Seins verehren, wo wir uns vereinen mit Ihm, der der alleinige wahre Herrscher ist. Ich darf dich noch nicht dorthin führen, denn unvorbereitet würde die Heiligkeit des Ortes dich ergreifen und dir schaden anstatt nützen. Willst du eine Zeitlang bei uns verbleiben, so wird dir auch das Mysterium jenes Tempels offenbar werden, dessen Schimmer durch das Grün bricht."

Erregt rief ich: „Freund, darf ich bleiben? Ein freudigeres Anerbieten ist mir noch nie geworden!"

Ernst ergriff er meine Hand und sprach: „Wir verjagen dich nicht, wenn du dich nicht selbst verjagst; dem Strebenden steht alles offen, doch nur im Streben können wir Freunde bleiben und Brüder. Mein Haus ist fortan das deine!"

Ich sah diesem seltenen Manne ins Auge, und mir ward, als zöge meine ganze Seele sich hin zu ihm; er aber wies mit der Hand nach jener Insel, und da ward es mir, als rauschte es geheimnisvoll von dort herüber, als flüsterten die Wellen des Sees ein Lied, das meine Sinne umschmeichelte und mit einer Traumvision mein Denken umgab. Das Sehnen, die heiße Liebe, die mich zu meinem Führer ergriffen, flüchtete hinüber zu jener unbekannten Insel. Aus deren Inneren ein Blitzstrahl aufzublitzen schien, der mein Herz traf, und schwingende Töne auf seinen Lichtwellen trug, die sich zu Lauten, zu Worten bildeten.

Jetzt vernahm ich leise, wie aus weiter Ferne, melodiösen Gesang, Stimmen, die im Jubelchor dem Höchsten lobsangen, und über diesen Gesang hinweg vernahm ich eine entfernte, wohllautende Stimme, welche sprach: „ Liebe Mich in deinem Nächsten, so ehrst du Mich und Meine Werke!"

Die wohllautende, ruhige Sprache meines Führers erweckte mich aus meinem Traum. Er forderte mich auf, ihm zu folgen, und noch berauscht von dem, was meine Seele erfahren, willfahrte ich seiner Aufforderung.

Ich blieb nun Gast im Hause meines Freundes, der sich *Chorillus* nannte und die Würde eines Oberpriesters ausübte.

Was ich hier gelernt, kann ich nur teilweise aussagen, denn schwerlich würde ich volles Verständnis dafür finden. In seinem

Hause, im Verkehr mit seiner Familie, lernte ich den Frieden der Seele finden, den ich so lange gesucht und nicht gefunden. Das Wesen der Gottheit ward mir entschleiert und enthüllt standen die Lebensgeheimnisse und das große Geistesgesetz vor meinen Augen, nach deren Kenntnis es erst gelingt wahrhafter Mensch zu sein.

***

Wir saßen an einem heranbrechenden Abend in jenem herrlichen Garten unter schattenspendenden Palmen und blühenden Büschen, als *Chorillus* mir folgende *Aufklärungen* gab:

„Siehe um dich, alles was du siehst, ist gefesteter Wille, jedes Blatt, jeder Stein, jedes Pflänzchen wird nur erhalten von dem in ihm wohnenden Lebensprinzip, und was ist dieses im Grund? Doch nicht als ein Ding, das sein Werde, seine Wesenhaftigkeit erst aus jenem Urborn erhalten hat, der mit ‚Gott' bezeichnet wird und der der Inbegriff alles Eins, alles Lebens, kurz der Schöpfung ist. Zöge diese Allmacht, in deren innersten Kern das Wort der Schöpfung sich einstens regte und dadurch das Werde hinausdonnerte in die Räume der Ewigkeit, Ihren erhaltenden Willen zurück, so würde Vernichtung alsogleich die Folge sein.

Im Menschen will sich die Gottheit selbst betrachten, in ihm soll, ohne dass er darum selbst die Gottheit ist, noch jemals werden kann, das Ebenbild der Gottheit erwachsen, das dem Vater ähnlich ist, das vollkommen ist, als wie es der Vater ist. Was gehört dazu? Sicherlich das zunächst, den Willen des Allvaters zu erkennen und diesen zu erfüllen; denn da es nur einen Willen gibt, so kann neben diesem nichts bestehen, noch ohne diesen Einen, der alle umfasst, durch andere Wege Vollkommenheit erreichbar sein; oder es müsste denn der Begriff der Vollkommenheit als teilbar gedacht werden, welche Möglichkeit in sich selbst zerfällt. Will der

Mensch vollkommen werden, so muss er sich mit dem schöpferischen Willen vereinigen, denn dieser ist die Vollkommenheit, in ihm ruht alles – Wahrheit, höchstes Sein, Erkenntnis, – und tust du das, so erfüllest du das Geistesgesetz, *„des Menschen Glück liegt in der Vereinigung mit Gott*!"

Diese Vereinigung kann nur von Nutzen sein, wenn sie freiwillig geschieht; gezwungen herbeigeführt, wird der Mensch Maschine, nicht Ebenbild der Gottheit, und solch Geschöpf kann auch der Schöpfer nicht für Seinen erhabenen Zweck gebrauchen, denn in Ihm ist Freiheit, die die Vollkommenheit gewährt; folglich muss sie auch im Ebenbild erreichbar sein.

Der Mensch, der dieses Ziel erfassen soll, wird darum so gestellt, dass er wie außer Gott sich fühlt; er kann sich Ihm entgegenstellen im innersten Trotz; kann einen neuen Gott sich schaffen, falls er will, kann selbst sich blenden und die Gottheit, die ihn rings umgibt, und deren Gesetze, die sich als Naturgesetze offenbaren, leugnen. Doch eines kann er nicht, er kann nicht Ihren Willen brechen.

Die Vollkommenheit, die in der Gottheit ruht, ist nur durch Vereinigung erreichbar, es gibt nur eine Vollkommenheit, nur einen Gott, und der Eine Wille sagt: werdet vollkommen, wie Ich es bin! und darum ist auch nur der eine Weg zu Gott. Dieser Weg heißt: *demütige dich*! Geschöpf, du bist ein Wesen, das heißt ein Ichbewusstsein ruht in dir, und dieses bäumt sich auf in dir und sucht im Trotz sein eigen Selbst eigenwillig zur Geltung zu bringen; es möchte aus sich selbst das Leben erringen, das immer nur Geschenk der Gottheit sein kann, weil es aus Ihr geflossen ist.

Willst Du Geschöpf wahrhaft leben, so gib diesen Irrtum auf, als sei außer Gott noch ein anderes Leben; *demütige dich*! schließe dich als Teil dem Ganzen an, und wisse, dass du nur so stark bist, nicht im trotzigen Erheben des eigenen kleinen, nur geborgten Willens, sondern im Erfassen und Durchfließenlassen des mächtigen Gotteswillens, der das *Glück*, die *Wohlfahrt*, die *Liebe* dann bedeutet.

Der Mensch, der da noch glaubt, andere Wege gehen zu können als die der Vereinigung mit Gott, sucht in den Naturgesetzen die Kraft selbst, während diese doch nur der Ausdruck der Kraft sind; er erkennt diese Gesetze wohl, weiß sie auch zu benutzen, aber den dahinter steckenden Kraftwillen fängt er nicht ab.

Das Naturgesetz ist der Ausdruck des unabänderlichen Willens, darum kann er alle Dinge, die dem Naturgesetze unterworfen, verschieben, verändern und überraschende Erscheinungen hervorrufen und meint nun die Naturgesetze zu beherrschen, wie wenn er aus einem Vulkan einen kleinen Lavastrom abgelenkt hätte, der nun zu allerhand kleinlichen Experimenten benutzt werden kann, doch dem Vulkan kann er deswegen noch lange nicht gebieten. In seiner Torheit bildet sich trotzdem der Mensch das ein und prahlt mit seinem Können.

Blicke hin nach jenen Ländern, die deine Heimat heißen. Wie blähen sie sich dort und nennen sich Herren der Natur. Die Tröpfe! Ist einer krank, so wird ihm eingetrichtert, was die Chemie im Laboratorium gebraut, und diese Tränke sollen nun Genesung bringen. Doch dass die *Menschen Seele*, in der der Willentropfen aus dem Reiche der Gottheit schlummert, imstande ist, das Wohnzimmer Körper rein zu halten und alles Kranke zu entfernen, das kommt euch nicht in den Sinn. In Gott, in der Vollkommenheit ist auch Gesundheit, Krankheit hat da nicht Platz; vereint euch mit Ihm, lasset Seine Kraft durch euch fließen und mit einem Schlage ist der Mensch gesund. So geschieht's bei uns, und darum hat es auch in diesem Tale noch niemals einen Kranken je gegeben.

In Gott ist Fülle und Er gibt reichlich was Seine Geschöpfe brauchen; wir vereinen uns im Gebet mit der Gottheit, sie weiß was wir bedürfen, sie segnet uns, wir segnen unsere Felder, und tausendfaltig ist die Frucht, die sie uns geben. Dort draußen, wo nur der Eigennutz, die Habsucht herrscht, dort kann ein Segnen nichts nützen, denn die Vollkommenheit kann nicht mit dem sich einen, der nur Gewinnens halber diese Einigung verlangt.

Wer noch vermeint, aus sich allein heraus könne er schaffen und dauernde Werke vollbringen, der verfällt in Ichbegründung und öffnet damit allem Leid die Tore.

Hier hast du auch den Grund des vielen Wehs, worüber Völker, Menschen klagen und wofür Gott verantwortlich gemacht wird, trotzdem die eine Torheit all das Leid verursacht. Die Begründung des Ichs ist das Unglück des Menschen und der Völker.

Diese Ichbegründung, das Sträuben gegen die Gottvereinigung, welch letztere nur allein das Glück in sich birgt, bedingt den Erfahrungsweg des freien Geschöpfes, den es sich abkürzen oder verlängern kann.

Jedes Wesen ist zum Glück geboren, und dieses Drängen, das Glück zu erfassen, zu erreichen, ist der alleinige Reiz des Daseins.

Jedes Geschöpf ahnt, dass es ein Glück gibt, es ringt danach und scheut keine Mühe, zum Glück zu gelangen.

Gott hat durch Offenbarung dem Menschen längst gezeigt, worin das wahre Glück besteht und wie es zu erreichen ist; doch eigenwillig sucht der Mensch seine Wege, er will es besser wissen als der Schöpfer und glaubt es nicht, dass seine selbstgemachten Begriffe falsch sind. Er sucht im Materiellen, im Äußeren, im vergänglichen Schein, was nur im Geistigen, im Innern zu suchen ist; er vergisst und verschließt sich der Erkenntnis, dass äußeres, irdisches Glück nur wahrhaft Frieden geben kann, wenn es im Inneren zuerst eine Stätte gefunden hat. Er macht sich daher besondere Glückbegriffe, wie Reichtum, Wohlleben, Untätigkeit, gut essen und trinken und allerhand sinnliche Freuden.

Die Begriffe dieses Glückes sind ihm unfehlbares Gesetz, und die Vorstellung seiner Geistesidee, als Inhaber solchen Glückes, krankt an dem Glauben, dass sein Gott auf diese Bitte hin ihm diese Dinge schaffen muss, damit er glücklich sei. Der Mensch klammert sich an diesen ihm behagenden, selbstgeschaffenen Gott, der nur ein Götze ist und der nun auch alles verfluchen muss, was seinem Götzendienste nicht entspricht; den diese Ichbegründung lehrt durch ihren Götzen, alles das sei gegen Gott, was gegen die selbst gemachten, menschlichen Gebräuche und gegen deren dunkle Erkenntnis sei.

Ja, es ist gegen den Götzen, und solange die Kraft der Ichbegründung besteht, welche diese Narrheit bestehen lässt, so lange wütet auch der Götze durch die Menschen gegen anders denkende Menschen.

Dieser mit allen menschlichen Schwächen ausgestattete, zum Gott erhobene Götze kann nicht bestehen bleiben, denn die Vollkommenheit sagt: Ich bin euer Herr und Gott, ihr sollet nicht andere Götter haben neben Mir. Darum führt diese Ichbegründung von selbst zum Leid, zum Schmerz, weil das, was die Menschen erst sich willig schaffen in selbstgewolltem Dünkel, nicht Bestand haben kann ohne Unterstützung des wahren Gotteswillens; und so vernichtet denn die herbe Erfahrung das gleißende Gebäude der Ichbegründung.

Die Lehre Gottes ist verkündet allerwegen, zeigt allbekannte Wege und gleicht einem Rechenexempel, von dem der Rechenmeister sagt: sieh, zwei mal zwei ist vier, erkennst du diese Wahrheit, so wirst du, darauf fußend, stets richtige Rechnungen erhalten und zufrieden sein; der Mensch aber sagt verstockt; nein, ich glaube es nicht und sage, zwei mal zwei ist fünf. Um diesen Toren zu überzeugen, bleibt dem Rechenmeister nichts übrig, als ihn rechnen zu lassen mit seiner falschen Formel und die ewigen, falschen Resultate, das eigenwillig herbeigeführte Leid werden erziehend auf ihn wirken, bis er schließlich doch gezwungen ist, die einzig richtige Formel anzuerkennen.

Jetzt erkennt die erwachende Menschenseele, dass die Wege nicht zum Glück führen, die nur eine Summe äußerer menschlicher Wünsche in sich enthalten, und dass, was außer diesen stand und oft töricht als Ketzerei bezeichnet und mit Fanatismus und Intoleranz leidenschaftlich verfolgt wurde, gerade zum Glücke führt.

Jetzt blitzt es auf. Vernichtung der Ichbegründung! Das Verlangen, nicht sich selbst, sondern der Allgemeinheit zu dienen, führt zum wahren Glück, zur Gottvereinigung.

Seligkeit ist nicht Besitz vergänglicher Güter, sondern Erreichung der unvergänglichen. Und bin ich verbunden mit dem ewigen Gott, so bin ich ein Teil in Ihm und in der Ewigkeit – unsterblich."

***

Ich fragte *Chorillus*, wie die Verbindung mit Gott am sichersten erreicht würde, und er antwortete mir: „Deine Frage ist das Geheimnis alles Lebens, sie schließt die Antwort eigentlich schon in sich, und eben weil gerade dieses Geheimnis so einfach ist, wird es von den Menschen nicht gefunden.

Lasse das Trennungsgefühl nicht in dir aufkommen, so wirst du mit Gott auch verbunden. Frage die Menschen, ob sie sich mit Gott verbunden fühlen. Sie werden dir alle mit Nein antworten. Nun frage sie weiter, warum sie nein sagen müssen. Die wenigen wirklich Aufrichtigen werden dir bekennen, dass irgendein Gefühl der Schuld das Hindernis ist; die anderen werden mit leeren Ausreden, mit Nichtwissen oder mit Lügen diese unbequeme Frage ablehnen, und du wirst daran die Geistig-Trägen, die Unwilligen, Verstockten und auch Boshaften erkennen können, die lieber sich jeder Erkenntis verschließen, nur um den inneren Richter, jenes Schuldgefühl, zu betäuben. Empfindest du aber in dir das die Verbindung hemmende Schuldgefühl, so wirst du auch imstande sein, das zu meiden, was es hervorrief, und du wirst dich reinigen und schließlich zu dem Gefühl der Annäherung und Verbindung mit Gott gelangen.

Je mehr du fortschreitest, um so mehr offenbart sich dir dann auch die Gotteskraft, und in dieser Verbindung wirst du schließlich ausgerüstet sein mit Ihr und Dinge vollbringen können, die der Unwissende nicht begreift, noch für möglich hält.

In Gott ist alles; denn Gott ist alles in allem. Bist du in und mit Gott, so hast du auch alles, denn der Vater gibt die Kraft den Seinen, und ihr sollet vollkommen sein wie der Vater. Ahnst du nicht, welch ungeheure Verheißung in diesen Worten liegt?“

***

Es drängte sich mir eine Frage auf die Lippen, und zagend fragte ich: „Chorillus, fühlst du dich verbunden mit Gott, dem Vater?“

Ernst und einfach antwortete mir Chorillus: „Ja, mein Freund! Es ist unsere Aufgabe, hier an diesem abgeschiedenen Ort, den keines Menschen Fuß ohne des Höchsten Willen betreten kann, die Verbindung aufrechtzuhalten, welche das Ziel eines jeden Menschen sein sollte. Unendliches Unglück und Wehe würde es bedeuten, fände sich dieser Erdball ganz verfinstert. Glüht unter der Asche irgendwo noch so ein schwaches Fünkchen, so kann bei rechter Pflege doch jederzeit ein helles Feuer daraus entfacht werden. Das Glaubensfeuer darf nicht erlöschen, wir hüten es, wir unbekannten Talbewohner, nicht aus Ichbegründung, nicht um des Lohnes willen, nur aus Liebe zu Gott und zu unseren Menschenbrüdern. Alle Kraft erhalten wir durch Ihn, und der Geist Gottes führt uns ein in alle Geheimnisse Seiner Schöpfung und Seines Wesens. Ich habe nie deine Sprache vorher gesprochen, aber ich verstehe und spreche sie jetzt, weil ich in Verbindung mit Gott bin und in ihm nichts Fremdes, Ihm Unbekanntes ist. Ich erfahre aus demselben Grunde, was jenseits dieser Berge geschieht, soweit es nötig ist, es zu wissen, und ohne Tageszeitung sind wir hier über alle Vorkommnisse schneller und gründlicher orientiert, als Telegraf und

Post die Nachrichten übermitteln können, denn Gott ist allgegenwärtig und bedarf der menschlichen Einrichtungen nicht. Bist du mit Gott verbunden, so hast du alles, alles. Dann erst bist du Herrscher in dir und außer dir, kein Spielball mehr der Naturkräfte, denen scharfsinnige Köpfe einige leichte Fesseln anzulegen wissen, sondern Kenner des Gesetzeswillens Gottes, dem alle Kräfte untertan; denn diese sind die Wirkungen Seines beständigen Willens, und du findest alsdann jedwede Herrschaft in und durch Gott."

Staunend blickte ich auf Chorillus und sagte leise: „Gott kann niemand sehen und das Leben behalten, wie kann der Mensch sich denn da mit Ihm so eng verbinden, dass die Allkraft durch ihn hindurchfließt?"

Er antwortete: „Mein Freund, wüsstest du klar und deutlich was die Liebe vermag, du würdest nicht so töricht fragen. Dieser ist alles möglich, diese ist der Urgrund allen Seins, in ihr liegen alle Schlüssel verborgen, sie löst alle Rätsel. Die Gottesliebe ist unergründlich, und nur durch die Liebe werden wir gottähnlich. Du sahest jene Insel, von der ich dir sagte, dort verehren wir ihn, den Heiligsten. Es führt kein Weg, keine Brücke zu ihr; umgeben von Wasser, ist sie ein abgeschlossenes Heiligtum. Entzünde in dir die wahre Liebe, so wird dich die Sehnsucht hinführen zu unserem Tempel. Das Wasser wird dich tragen, und auf der kristallenen Flut wirst du, wie wir es tun, zu unserer Insel wandeln können, die dir das höchste Mysterium enthüllt, das der Liebe Gottes. Was nützte dir alles Wissen, es wäre eine hohle Nuss, dringst du nicht zu diesem innersten Geheimnis, wodurch dir alles offenbar werden kann. Ergreife und entzünde in dir diese Liebe, so löst sich alles, was dir noch unklar ist, und der nächste Weg zu Gott zeigt sich alsdann!"

Chorillus erhob sich und ließ mich in tiefen Gedanken allein zurück.

Liebe! – Dieses Wort von so unendlicher Bedeutung, von so geheimnisvoller Tiefe und so oft missdeutet, es erfasste mein ganzes

Sinnen. Wie ergreife, wie entzünde ich die Liebe in mir? Wie liebe ich ein Wesen, das ich nicht sehen, nicht ergründen kann?

Die Familie meines Gastfreundes, in der ich lebte und die mich mit größter Freundlichkeit aufgenommen hatte, bestand aus seiner Gattin, seinem Sohne, der mich in dieses Tal geführt hatte, und einer Tochter von ungewöhnlicher Schönheit. Mutter und Tochter besorgten das innere Hauswesen und waren wenig für mich sichtbar. Die Anmut und Reinheit, die sich im Wesen der Tochter ausprägten, hatten mich von Anfang an gefangen genommen. Alle jene Damen der europäischen Gesellschaft, die vordem den mir bekannten Kranz der Weiblichkeit ausmachten, erschienen mir wie Karikaturen im Vergleich zu dieser Jungfräulichkeit, die unbewusst des von ihr ausgehenden bestrickenden Reizes lebte und die Herzen besiegen musste.

Ich wusste, das Chorillus, der so gut die Gedanken zu lesen verstand, auch meine Empfindungen dieser Art kannte, nie jedoch berührte er diese. Die Ermahnung, die Liebe in mir zu entzünden, gab daher meinem Gedankengang eine Richtung, die wohl verzeihlich erscheinen wird, zumal ich dieses holde Wesen auf der Terrasse vor dem Hause sah, den dem Hause zuschreitenden Vater freudig begrüßend. Liebe, *Liebe*?, fragte meine Seele. Ist diese Liebe zu Gott gleich jener Liebe, die der Mann zu einem Weibe fühlt? Ist denn auch diese Liebe nicht eine reine Flamme, die den Abglanz des Göttlichen in sich birgt? Beseligt nicht die gegenseitige Liebe, öffnen sich nicht die Pforten des Himmels den Liebenden, fühlen nicht auch diese sich entrückt dem Getriebe der Welt, nur in dem Bewusstsein des gegenseitigen Insichaufgehens? Lebt nicht in dem Weibe auch mein Nächster, den ich lieben soll? Tue ich Unrecht, wenn ich also ein weibliches Wesen mit der ganzen Glut meines Herzens umfasse und dieser meiner Göttin mein ganzes Wesen weihe, um in ihrem Besitze glücklich zu sein und zu beglücken?

Während ich so sann, drängte sich mir ein Bild auf aus meiner

Vergangenheit. Längst hatte ich die kleine Episode vergessen, und merkwürdig, nicht loszukommen war jetzt von diesem Bilde.

Es ist die belebte Straße einer Großstadt, ein altes Mütterchen steht frierend an der zugigen Straßenecke, bittend sprechen ihre tränenden Augen, deutlicher als die abgerissen gemurmelten Worte, die ein Almosen erflehen. Ich reiche ihr mitleidsvoll ein Geldstück. Kaum ist es geschehen, so wendet sich ein hübsches Blumenmädchen zu mir, bietet mir lächelnd und knixend einen Strauß an. Ich nehme ihn, reiche dem schelmisch neckenden Dinge, ohne nach dem Preis zu fragen, ein Geldstück und sehe der niedlichen Dirne begierig nach. Das gereichte Geldstück hatte den dreifachen Wert dessen, welches das alte Mütterchen erhalten hatte.

Warum steht dieses längst vergessene Bild so deutlich, plötzlich vor meiner Seele? Mein Gewissen legt mir die Frage vor. Weshalb machtest du hier einen Unterschied, wo war die Bedürftigkeit? Handeltest du gerecht? Mich ärgerte nachträglich jetzt meine vor langen Jahren begangene Handlungsweise.

Dort oben auf der Terrasse steht noch das schöne Mädchen, ihr Blick schweift in die Feme, sie sieht mich nicht, der ich, von blühenden Büschen gedeckt, sie bewundern kann. Heiß wallt es mir im Herzen auf. Hinstürzen möchte ich zu ihr, die liebliche Gestalt an mich reißen und zu ihren Füßen das Geständnis meiner Liebe stammeln. Ja, das ist Liebe! Die Liebe, die Gott in die Herzen der Menschen gelegt hat, damit sie glücklich sein sollen auf Erden und Ihm dann danken für dieses göttliche Geschenk. Ich ertrage es nicht, dieses sehnende Gefühl, dieses brennende Verlangen; jetzt ist der Augenblick geeignet, mich der Jungfrau zu offenbaren. Sie ist allein, drum hin zu ihr und dann zu Chorillus, ihm zu sagen, wie schnell die Liebe mich ergriffen und entzündet hat.

Doch sieh, da naht sich Chorillus seiner Tochter. Ich erschrecke, warum? Er führt sie in das Haus. Unwillkürlich ducke ich mich hinter die blühenden Büsche, damit sein Blick mich nicht treffe; –

weshalb – ich bin mir doch keiner Schuld bewusst?

Und doch – ich fühle in mir ein unbehagliches Gefühl, als hätte ich eine Schuld begangen.

Schritte tönen hinter mir den Weg entlang, der von den Wohnungen der Talbewohner durch den Garten hinaus zur Höhe führt. Als wäre ich auf böser Tat ertappt, so fahre ich auf und sehe den Sohn des Chorillus heranschreiten.

Freundlich grüßte mich der schöne Jüngling. Ich aber konnte seinen klaren Blick nicht ertragen und schlug die Augen zu Boden, wusste ich doch nur zu genau, dass ihm meine noch nicht überwundene Erregung und meine geheimen Gedanken unverborgen waren.

Er trat zu mir und sagte sanft: „Freund, hat dich die Leidenschaft wieder gepackt? Warum erschrickst du vor mir? Ist es nicht die Aufgabe des Menschen zu kämpfen und zu erkennen; glaubst du, ich würde dich verurteilen, weil du noch ringst und deine inneren Kräfte noch nicht gänzlich entwickelt hast? O nein, fürchte das nicht. Komm, lass uns ruhen!“ Er nahm den Platz ein, den vorher sein Vater eingenommen hatte und ich gesellte mich zu ihm. „Du weißt nicht von wo ich komme. Ich will es dir sagen. Ich habe soeben meine Braut verlassen und komme aus dem Hause ihrer Eltern!“

Überrascht sah ich den Jüngling an, ergriff seine Hand und rief aus: „So liebst auch du ein weibliches Wesen, das du als deine Frau einst heimzuführen gedenkst? O sprich, du siehst das Chaos meiner Gefühle, löse mir das Wesen der reinen, menschlichen Liebe. Was ist diese Liebe und wie ist sie gerecht vor Gott?“

„Ich will versuchen, diese Fragen dir zu beantworten, und hoffe, dass du mich verstehst. Was ihr in eueren Ländern Liebe nennet, hat meistens nichts gemein mit deren wahrem Wesen. Empfindet ihr eine habsüchtige Neigung, etwas zu gewinnen, so glaubt ihr Liebe zu empfinden. Angeregt durch den Schönheitssinn, empfindet ihr ein Wohlgefallen, und mit diesem regt sich der Wunsch nach genießendem Besitz. Dieses Wunschgefühl steigert sich oft bis zur Tollheit, und das soll dann Liebe sein. Diese leidenschaftliche Empfindung im Menschen verlangt alles von dem Gegenstande, auf den sie sich richtet, und sowohl Mann wie Weib, die ihr verfallen, sind alsbald nur geneigt, alles von dem anderen Teile zu verlangen, selbst jedoch möglichst wenig zu geben. Nach einer Zeit des Rausches, nachdem die Leidenschaft nicht mehr in verzehrenden Flammen auflodert, folgt dann meistens die Reue, die Enttäuschung, selbst der Hass. In der Zeit jedoch, wo sie noch brennt, findest du bei beiden Teilen misstrauende Eifersucht, die Tyrannei und Unfrieden in Gefolge hat. Dieses große Sammelsurium höllischer, quälender Eigenschaften, die, je nach der bändigenden Willenskraft des Einzelnen, zügellos sind oder in gewissen Grenzen der Wohlerzogenheit verbleiben, nennt die Welt dann Liebe, und nach dem Grade der meist nur zerstörerischen Wirkungen bildet sich die Torheit ein, die Kraft der Liebe bemessen zu können.

Wie so ganz anders ist doch die reine, wahre Liebe! Diese stellt es nicht als Hauptbedingung auf, zu besitzen und so zu genießen, nein, sie will vor allen Dingen selbstlos geben und fragt nicht, überlegt nicht, ob eine Gegengabe auch gewährt wird.

Wahre Liebe zu den Menschen macht auch keinen Unterschied der Person, ob alt, jung, schön oder hässlich im Äußeren, sie umfasst alles mit gleicher Sanftmut, wie auch Gott allen seinen Geschöpfen ohne Unterschied seine Segnungen gewährt.

Liebst Du ein Mädchen, so soll nicht der Besitz desselben dir die Hauptsache sein, so dass du sie eifersüchtig hütest, sondern die gegenseitige Ergänzung hast du im Auge zu halten. Fehlt diese, so kann ein Rausch der Sinne dir diesen Mangel nicht ersetzen, sondern tiefste Reue ist die sichere Folge. Findest Du aber die gesuchte Ergänzung, so wird auch eine jemalige Trennung unmöglich werden; denn was sich ergänzt zu einer harmonischen Einheit, was also Gott demnach zusammenfügt, das kann auch ewig nicht mehr getrennt werden. Was aber – und wie oft, ja meist geschieht es so bei euch – nur Ergänzung der gegenseitigen Begierde fand, ohne innere tiefere Harmonie, das hat auch, trotz aller äußeren Bande, nie sich angehört und trennt sich wieder, sobald es kann.

Du liebst meine Schwester, Freund. Ist deine Liebe ganz rein?

– Leidenschaft schafft Leiden, Unreinheit das Gefühl von Schuld.

– Du verstehst mich wohl.

In Gott allein ist die reinste Liebe. Bist du verbunden mit Ihm, so fallen alle Schlacken von dir ab. Doch dazu gehört ein starker, großer, unerschütterlicher Wille, ein inneres strahlendes Glaubensfeuer, sodann erwacht eine Liebe, die höher steht als die Liebe der Geschlechter untereinander; selbst wenn diese eine reine ist. Diese erfasst beide, Mann und Weib, und wohl denen, die, in harmonischer Ergänzung verbunden, sodann sich von ihr leiten lassen, denn diese sind Gotteskinder durch sie geworden. Wir Talbewohner können Ihn, den Herrn, nicht vergessen, um eines Weibes oder Mannes willen, darum ist aber auch unsere Ehe anders geartet als die der Welt. Herrschsucht und gegenseitige Betrübung, Missverstehen kennen wir nicht; denn diese herrschen nur dort, wo die Ergänzung fehlt, und ohne diese besteht bei uns keine Ehe."

Mich ergriffen die Worte des jungen Mannes tief und seine Hand ergreifend rief ich aus: Oh, hätte ich deine Weisheit, wie glücklich wäre ich!"

„Lebe in Gott, so hast du alles. Ich besitze nichts. Nur in Ihm ist die Fülle, Er ist die Quelle, die uns alles gewährt."

Er stand auf, und nach der Insel zeigend, die das Heiligtum barg, fuhr er fort:

„Suche Ihn und sei gewiss, Er wird sich finden lassen!" Schnellen Schrittes entfernte sich der Jüngling und ließ mich allein.

Die Sonne war untergegangen und mit der den Tropen eigentümlichen Geschwindigkeit, ohne Übergang der Dämmerung, brach die Nacht herein. In kurzer Zeit herrschte ringsum tiefe Stille, die Sterne schauten flimmernd vom hohen Himmelsgewölbe und der Mond warf sein mildes Licht auf die zur Ruhe sich rüstende Erde herab.

Doch in mein Herz wollte keine Ruhe einziehen. Unruhig klopfte es; eine Anzahl Gedanken und Fragen durchstürmten meine Seele. Ich blickte auf zum leuchtenden Sternenhimmel. Wenn je, so ist der Anblick desselben, während ringsrum tiefe Ruhe herrscht, geeignet, dem Menschen einen Begriff von der Allmacht und Kraft Gottes zu geben, denn dieses Gewimmel leuchtender Welten, die in geordneten Bahnen einherziehen, ohne sich zu verwirren, sie sind dringlich redende Zeugen Seiner Weisheit und Seiner Kraft.

Wie klein fühlt sich da die Seele, wie wird sie durchdrungen von dem Gefühle der eigenen Nichtigkeit, erkennt sie sich als Stäubchen im Raume, und dennoch drängt sich ihr die Erkenntis auf, dass sie mehr als ein Nichts sein muss, da sonst ihr nicht die Fähigkeiten gegeben wäre, das Weltall mit ihren Sinnen zu durchdringen und die Gesetze der Allmacht zu erkennen.

„Habe ich diese Fähigkeit nur erhalten, damit das Bewusstsein meines Nichts mich zerschmetterte und der Verzweiflung überlieferte? Dann bist Du grausam, Schöpfer der Welt! Habe ich sie erhalten, damit ich Dich lediglich bewundere und anbete und in immer tieferem Erschauern Deiner allmächtigen Kraft und unerforschlichen, unergründlichen Weisheit schließlich doch erkenne, dass ich nichts und Du alles bist, so bin ich auch um nichts besser als ein ohnmächtiger, armer Sklave, dem nur des mächtigen Herrn Güte und Geduld das Genießen von Seinen unerschöpflichen Schätzen gestattet. Warum also erhielt sich dieses brennende Sehnen nach Erkenntnis; diese Sinne, vermöge welcher ich beginnen kann, dieses Sehen zu stillen; diese geistige Fähigkeit, die keine Schranke kennt, das All zu durchdringen, diesen Gedankenflug, der weder Zeit noch Raum kennt; und schließlich dieses kurze Leben auf einem elenden, vielleicht dem elendsten Planeten eines Sonnensystems, das doch nur wiederum der Satrap eines höheren und mächtigeren Systems ist?

„Gott, der Du dieses All beherrschest und durchdringest, ich finde nicht den Schlüssel zu dem Zwecke des Daseins und Deines Waltens, wenn nicht höhere Ziele Dich leiteten, das ‚Werde' hinauszudonnern in die Ewigkeit des Raumes, höhere Ziele, die Du vielleicht nur verschleierst, damit der gemeine Menschenwitz sie nicht entheilige, doch die Du jedem offenbaren wirst, der wahrhaft ein Verlangen danach trägt, sie zu erkennen."

Diese Worte rief ich leise und sehnsuchtsvoll dem nächtlichen Sternenhimmel zu und da regte sich in mir ein Gedanke, so heiß und innig und doch so friedvoll, so tief beseligend, es quoll empor aus innerstem Herzen, erwartungsvoll und spähend. Mir war, als müsse jetzt, jetzt gleich eine mir liebe, wenn auch gänzlich unbekannte Person vor mich hintreten und mich umfassen voller Liebe und Freude, um mich ausruhen zu lassen an ihrem treuen Herzen. Nicht galt es mir mehr, ein Weib zu erringen und dieses zu umfassen im Gefühle der Liebe, nein weit edler, höher und reiner zuckte es mir in tiefster Seele auf, und meine Lippen lispelten inbrünstig: Vater, lieber Vater! Ich sprang auf. Es zog mich fort, hin zu jenem Heiligtum, das geheimnisvoll von den Wellen des Sees umrauscht wurde. Eiligen Fußes lief ich hastig den mir bekannten Weg entlang, und bald stand ich am Gestade des im Mondlicht silbern schimmernden Sees. Drüben erhob sich dunkel die Insel. In ihrem Innern barg sie das Ziel, doch trennte mich das Wasser. Bisher hatte ich nicht einmal daran gedacht, dass dieses Hindernis mich abhalten würde, das Ziel zu erreichen – die Sehnsucht, die Erwartung ließ mich jedes Hindernis vergessen –, doch jetzt schreckte der Fuß vor den murmelden Wellen zurück, die ihn benetzten, und Tränen stiegen mir ins Auge, als ich die Erfüllung meines heißen Wunsches scheitern sah.

Da rauschte es wieder so geheimnisvoll herüber wie damals, als ich mit Chorillus zum ersten Male diese Insel erblickte. Ein Klingen und fernes Brausen schien aus dem Inneren zu ertönen, es gestaltete sich zu Lauten, zu Worten, und deutlich vernahm ich:

„Liebe überwindet alles, sie kennt kein Hindernis, doch glaube, glaube, glaube!“

Wieder wallte es in meinem Herzen heiß auf und jubelnd zog es durch meinen Sinn:„Ja, Vater, ich glaube Dir, ich glaube an Dich!“

Nur nach jener Insel sah ich, mich kümmerte nicht mehr das Wasser, ein Schritt vorwärts und aufgehoben fühlte ich mich, getragen, fortgeführt. Ich betrat jenseits den Boden, beschritt den unter hohen Bäumen und Palmen sich windenden Weg und stand alsbald vor einem marmornen Tempel, dessen Tore weit geöffnet waren. Sanftes Licht erhellt das Innere des Heiligtums. Niemand wehrte mir den Eintritt.

Ausklang

Mein erzählender Freund hatte die letzten Sätze immer leiser gesprochen und starrte jetzt traumverloren in das Leere. Die Gesellschaft, die augenscheinlich unter den verschiedensten Empfindungen seiner Erzählung zugehört, wurde schließlich ungeduldig, als er keinerlei Neigung zeigte, diese fortzusetzen, und von verschiedenen Seiten tönte ihn ein „Nun, und weiter“ entgegen.

Mein Freund schreckte aus seinem Sinnen auf und sah die Frager ruhig an.

„Sind Sie denn in den geheimnisvollen Tempel eingedrungen, und was fanden sie dort?“ frage der Professor. „*Gewiss tat ich das, und ich fand das entschleierte Isisbild, die Wahrheit*!“

„Das ist ja sehr interessant. Darf man wissen, wie dasselbe sich also entschleiert ausnimmt?“ entgegnete spöttisch der Professor. Mitleidig blickte ihn Kristjan an und erwiderte: „Mich hat dessen Anblick, wie Sie sehen, nicht vernichtet, wohl aber *erleuchtet*! Mir hat er die *Rätsel des Daseins* und das größte *Geheimnis Gottes* gelöst. Sie, werter Professor, könnten allerdings Gefahr laufen, bei Lüftung des Schleiers arg enttäuscht zu werden, denn jene Statue dürfte für Sie nicht einmal den Wert des Antiken besitzen!“

„Oho, mein Lieber, wenn Sie so überzeugt davon sind, so lassen Sie Ihre Entdeckung das Licht der Wissenschaft nicht scheuen, ich werde sehr objektiv urteilen“, gab der Angeredete zur Antwort.

„Nun gut, wir werden sehen. Hören Sie: Ich habe in jenem Tempel erkannt, dass nur die unendliche Liebe des Gottgeistes das Universum erschaffen hat, dass Gott den Menschen wahrhaft wie ein Vater liebt und von dem Menschen wünscht, ja ihn sogar bittet, Ihn wieder zu lieben als den freundlichen Vater, und dass er ihm, seinem Kinde alle eigene Macht und Kraft geben will und wird, wenn es wahrhaftig ihn selbst wiederliebt, damit es vollkommen werde wie Er. Für dieses Ziel ist Ihm kein Opfer zu groß, ja die

Allmacht beugt sich sogar dem niedrigen Willen Ihrer Geschöpfe aus Liebe! Sie erträgt auch jetzt noch alles aus Liebe, und um die Liebe zu erwecken, erschuf sie das Weltall und alles Lebende, gibt dem Menschen ein irdisches Dasein, rüstet ihn aus mit allen Fähigkeiten, die zur Erkenntnis führen. Kurz – Gott ist die Liebe, in Ihm finden wir alles!"

Enttäuscht sagten der Professor und gleichzeitig der *Superintendent*: „Aber das ist doch eine uralte Geschichte, uns längst bekannt!"

Mein Freund erwiderte:

„Wirklich meine Herren? Nun, ich sagte ja gleich, dass meine Entdeckung nicht einmal den Wert des Antiken für Sie haben würde. Wenn aber diese Wahrheit so uralt ist, warum lassen Sie denn diese nicht lebendig werden in Ihrem Herzen, so dass sie auch genießbare Früchte hervorbringt?

Ja, diese *Wahrheit ist uralt*, aber erkannt wurde sie bisher noch nicht. Nur die Worte sind gehört worden, ohne mehr zu sein als Worte, aus Buchstaben zusammengesetzt. Ihr untersuchet die Buchstaben sehr genau, erkläret höchst geistreich, dass diese eben so zusammengestellt sein müssen, weil sie, anders geordnet, dann andere Worte ergeben könnten, vielleicht aber auch Unsinn, und darum sei es sehr interessant zu wissen, wieso gerade diese Buchstaben sich wohl zu anderen Worten und zu Unsinn zusammenleimen lassen. Den Geist jedoch, der in den äußeren Worten steckt, den seht und erkennt ihr nicht, denn Wahrheit lässt sich nicht geben, sie muss errungen werden. Die Gottheit selbst kommt, um den Schleier des Isisbildes zu heben, versucht es aber der Mensch eigenwillig mit schuldiger Hand, so verfällt er in Stumpfheit und Blödigkeit.[1]

Ihr wollt von mir wissen, was ich in dem Heiligtume sonst noch erfahren?

---

1 Vergl.: „Das verschleierte Bild zu Sias." von Friedrich Schiller

Suchet erst selbst jenes Tal zu erringen, und in jenes Heiligtum einzudringen, welches das Innerste, Geheimnisvollste jenes abgeschiedenen Ortes enthält, um die Stimme des Vaters zu vernehmen. Aber macht es wie ich: Scheuet nicht den Weg durch unfruchtbare Wüsten und Steppen, lasset alles zurück, was euch noch an Menschen knüpfet, lasset euch von dem Vertrauen führen und von der Zuversicht, falls ihr ermüdet seid, tragen; Ihr erreichet dann jenen gesegneten Friedensort, wo die Menschenliebe Priesterschaft ausübt.

Besiegt den Löwen des Eigenwillens, reißt aus dem Herzen die Begierde und die Lust, und lasset euch tragen voll festen Glaubens selbst über Schlünde, die sonst den sichern Tod in sich bergen, so erreichet ihr das heiligste und köstlichste Ziel im Tempel des Vaters und könnet nun, unbeschadet für euer Leben, die entschleierte Wahrheit sehen. Gelanget ihr dann zurück, so wird euch aus der Priesterhand die wiedererrungene Unschuld zuteil."

Diese Worte machten auf die Anwesenden einen ganz merkwürdigen Eindruck, durchgängig aber einen abstoßenden. Der *Physiker* murmelte: „Hat man je einen solchen Blödsinn gehört?" Der *Arzt*, zu dem sich die habgierigen Verwandten gesellten, schüttelte den Kopf, zog die Stirne kraus und meinte leise zu diesen: „Religiöser Wahnsinn mit beginnendem Größenwahn!" Der *Superintendent* stand auf und rüstete sich zum Fortgehen, während die übrigen mit blödem Gesichtsausdruck meinen Freund anstarrten und offenbar nicht recht wussten, wie sie seine Worte auffassen sollten.

Schließlich erhoben sich alle, und der *Großindustrielle* meinte verächtlich: „Eh, sie haben uns also da einen schönen Bären aufgebunden mit Ihrer albernen Geschichte. Hätte nicht geglaubt, dass ein Mann wie Sie so kolossal lügen könnte. Ich bedanke mich jedoch für weitere derartige Späße!"

Alle Anwesenden wandten sich nun der Türe zu, um das Haus zu verlassen, als mein Freund mit lauter Stimme ausrief: „Noch einen Augenblick. Als ich aus jenem Tempel zurückkehrte, wo ich die heiligste Wahrheit vernommen und erkannt habe, da brannte in meinem Herzen das heiße Verlangen, doch auch meinen Stammesverwandten meine Erkenntis zu bringen und diesen von dem errungenen Glück Mitteilung zu machen. Ich äußerte zu Chorillus den Wunsch, zurückzukehren und ein Verkündiger meiner Erfahrungen zu werden. Da widerriet er mir und sprach: ‚Du wirst keinen Glauben finden. Man wird dir in das Gesicht lachen und dich verspotten. Predigst du die Wahrheit, so wird man sie für Lügen halten, denn nur der *reinen* Herzens ist, stößt sich nicht an ihrer Nacktheit. Nur wer den Hauch der Gottheit verspürt und auf ihr leises Wehen achtet, kann Erkenntnis erringen. Versuche es aber, ob du offene Ohren findest, und kehre dann mit der neuen Erfahrung zu uns zurück.

Verzweifle aber nicht, wenn deine Erfahrungen böse sein werden, denn ob hier in unserem Tale, ob sonstwo in irgendeinem Erdenwinkel, wer den Tempel des Vaters sucht, vermag ihn überall zu finden, nur wird leider das Naheliegende am wenigsten geachtet. Alle, die sich da einen in der Liebe zum Vater, sind auch mit uns verbunden und unbewusste Talbewohner, unsere Brüder!‘

Ich sehe, Chorillus hat wahr gesprochen und so gehet ihr euere Wege, ich gehe die meinen.“

„Was sollen wir diese Verrücktheit länger mit anhören?“ sagten absichtlich laut die Verwandten, nahmen den Arzt in ihre Mitte und gingen eifrig und leise disputierend hinaus. Ihnen folgten die übrigen, und bald waren die erleuchteten Räume menschenleer bis auf uns beide.

Ich ergriff die Hand meines Freundes und fragte besorgt: „Was wirst du tun? Jene brüten schlimme Pläne aus!“ Fürchte nicht für mich,“ erwiderte er, „ich bin gefeit gegen alle Anschläge. Doch wie bist du gesinnt?“

„Ich glaube dir und erkenne die Wahrheit deiner Worte."

„Willst du mir folgen?"

„Wohin?"

„Zu Chorillus!"

„Du weißt, ich habe teure Eltern hier, ich darf sie nicht verlassen – und sagte Chorillus nicht, überall könne man ein Talbewohner werden?"

Mein Freund drückte mir die Hand und schwieg. Wir schieden voneinander.

Ein paar Tage später wollte ich ihn besuchen, da war das Haus von ihm verlassen. Mein Freund hatte alles an eine fremde Familie verkauft und bereits am Tage nach jenem merkwürdigen Abend sich aus der Stadt ohne Abschied entfernt. Niemand weiß, wohin er sich gewendet hat.

***

Notizen